新知图书馆
第二辑

20个天气和气候科学实验

WEATHER AND CLIMATE

【美】帕梅拉·沃克 伊莱恩·伍德/著   李娜 陈妍/译

上海科学技术文献出版社
Shanghai Scientific and Technological Literature Press

图书在版编目（CIP）数据

20个天气和气候科学实验／（美）帕梅拉·沃克，（美）伊莱恩·伍德著；李娜，陈妍译． 一上海：上海科学技术文献出版社，2019（2021.8重印）

ISBN 978-7-5439-7873-7

Ⅰ.①2… Ⅱ.①帕…②伊…③李…④陈… Ⅲ.①科学实验—初中—教学参考资料 Ⅳ.① G634.73

中国版本图书馆 CIP 数据核字（2019）第 074830 号

Facts on File Science Experiments: Weather and Climate Experiments
Text and artwork copyright © 2010 by Infobase Publishing
Editor: Frank K. Darmstadt　　　　　　Copy Editor for A Good Thing, Inc.: Betsy Feist
Project Coordination: Aaron Richman　　Art Director: Howard Petlack
Production: Victoria Kessler　　　　　　Illustrations: Hadel Studios

Copyright in the Chinese language translation (Simplified character rights only) © 2019 Shanghai Scientific & Technological Literature Press
All Rights Reserved
版权所有，翻印必究
图字：09-2019-281

策划编辑：张　树
责任编辑：苏密娅　于学松
封面设计：许　菲

20个天气和气候科学实验
20GE TIANQI HE QIHOU KEXUE SHIYAN

[美]帕梅拉·沃克　伊莱恩·伍德　著　李娜　陈妍　译
出版发行：上海科学技术文献出版社
地　　址：上海市长乐路746号
邮政编码：200040
经　　销：全国新华书店
印　　刷：常熟市人民印刷有限公司
开　　本：720×1000　1/16
印　　张：8.25
字　　数：139 000
版　　次：2019年6月第1版　2021年8月第2次印刷
书　　号：ISBN 978-7-5439-7873-7
定　　价：25.00元
http://www.sstlp.com

序 言

　　当你听到"科学"这个词时,最先想到的是什么？是否和大多数人一样,想到陈列着各种各样玻璃器皿和许多精密仪器的实验室？想到总是身着白大褂,整日埋头于各种实验,满脸严肃的科学研究人员？虽然在许多地方这种对科学家的传统看法仍然是正确的,但是实验室却不是唯一存在科学的地方。在某个建筑工地、篮球场甚至是一场你喜爱的乐队的演奏会上,都可以发现科学。实际上,科学无处不在。我们在厨房里做饭时要用到科学；画画时要用到科学；建筑师设计建筑物时要用到科学；甚至解释为什么你最喜欢的棒球选手可以打一个本垒打也要用到科学。

　　几个世纪以来,人类不断地对周围世界进行探索和研究,从中获得的知识不断积累成科学。科学知识的代代传承通过一系列的教育活动得以实现。所有科学教育活动的一项基本目的就是培养年轻人具有批判性思维和解决问题的能力,而这些能力是受益终身的。

　　科学知识教育具有学术独特性,不仅要展现事实规律、传授技能,更要培养学生的好奇心和创造性。因此,科学是主动的过程,不可能完全用被动的教学方法实现上述目标。教育工作者时常面临"科学教育的最佳途径是什么"这样的难题。尽管尚无确切答案,但是教育界的一些研究成果还是为我们带来了有益的启示。

　　研究表明,学生必须积极主动地参与科学实践,通过切身体验学习科学知识。我们要鼓励人们摆脱和超越书本,敢于质疑,提出新奇的设想,进行大胆的预测和假设,自己设计实验内容和步骤,并能收集相关信息,记录实验数据,分析所发现的结果,利用各种资源来拓展知识。换言之,在学习科学的过程中,不能只用耳朵"听",还必须动手"做"。这也就是学科学的最佳方法——"做"科学。

所谓"做"科学就是进行科学实验。涉及科学的课程当中,实验部分发挥着多项教育功能。在很多情况下,需要实际操作的教学活动能有效地激发学生的兴趣,有助于新课题的导入。例如,我们介绍某一有争议的实验,会激发学生的探究欲望并解开现象背后的谜团。课堂上的调查研究活动也有助于学生温故知新。根据神经科学的理论,科学实验和其他学习实践活动有助于将新知识从短期记忆转化成长期记忆。以实践活动和实验为主的"做"科学不仅有助于学生掌握科学概念,而且有助于培养当今年轻人对科学的兴趣。

为此,我们策划了这套"新知图书馆"系列丛书,汇集了天文、地理、物理、化学、生物、海洋、机械、音乐、体育、艺术、建筑、环境等多个领域的科学内容,我们将通过实验验证这些学科内容在日常生活中的应用,通过简单的实验吸引学生兴趣,使之能够进行实践操作,实现我们所说的"做"科学。丛书每个分册围绕一到两个主题设计了20~40项实验,实验所用的材料大多都是生活中常见的物品。各类实验配有插图和图解,便于抓住学生注意力,直观地传递信息。所有实验都会综合调动学生进行科学探究的各方面技能,诸如观察、测量、归类、分析以及预测等。此外,某些实验要求学生通过自己设计并完成开放式实验项目,锻炼其探究科学的能力。

书中大多数的实验都是要求在教师和成年人的指导下,以小组的形式进行的,这其中的一个好处是学生们有机会通过社会交往途径进行学习,使得学生有了集思广益和相互学习的机会。神经科学的研究成果证明,小组学习是一种有效的学习手段,人脑是具有社会属性的器官,人际交流和相互协作能提高学习的效果。

"新知图书馆"系列丛书的目标是借助实验激发学生学习科学的兴趣,传授基本的科学概念,培养批判性思维能力。当学生完全沉浸在丰富的实验环境中,他们会经历许多惊喜并得到意外收获,体验到新旧知识融合以及豁然开朗的非凡乐趣。在这样的条件下,学习活动才真实生动而又效果持久。

我们希望当你们完成这些实验时,能对身边的世界有更好的了解。也许阅读这套书并不能使你们成为一流的运动员或数一数二的科学家,但是我们希望这些实验能够激发你们去发现日常生活中的科学,也能鼓励你们把我们的世界变得更加美好。

目 录

实验前必读 ·· 1
简介 ·· 1
实验 1 水和土壤保持热量的性质 ·· 3
实验 2 学生自制气象站 ·· 8
实验 3 雪花是怎样形成的？ ··· 15
实验 4 模拟厄尔尼诺现象 ·· 20
实验 5 影响蒸发速度的因素 ··· 25
实验 6 空气中二氧化碳的来源 ·· 30
实验 7 当地生态系统中紫外线的强度 ································· 36
实验 8 影响云形成的变量 ·· 41
实验 9 哪一种头发能制作出最准确的湿度计？ ····················· 45
实验 10 距离是怎样影响太阳能吸收的？ ····························· 51
实验 11 锋面碰撞 ··· 56
实验 12 龙卷风是怎样形成的？ ··· 60
实验 13 温度和气压 ·· 65
实验 14 地形是怎样影响洪水暴发的？ ································ 70
实验 15 天气预报到底有多准？ ··· 76
实验 16 一夜之间能产生多少露水？ ··································· 82
实验 17 日落的颜色会随着天气情况而变化吗？ ···················· 87
实验 18 常规温度标尺 ··· 92

实验 19 对流盒 ·································· 98

实验 20 日照强度 ································ 103

附录

    实验环境的设置 ································ 108

    我们的发现 ···································· 109

实验前必读

在开始任何实验前仔细阅读

每项实验都包括与具体主题相关的特别安全提示。这些提示不包括那些在做其他任何科学实验时都必须注意的基本规则。因此,你必须仔细阅读下面的安全准则,并时刻牢记在心。

科学实验很容易有危险,规范的实验步骤应该包括细致的安全守则。在实验过程中随时会有意外发生,例如,材料可能会溢出、破碎,甚至着火。发生危险时你甚至来不及自我保护。在整个实验过程中,不论是否会对你造成危险,你都要严格遵守下面的安全提示,时刻警惕意外危险发生。

对每个独立的实验我们都设计了比较保守的安全预防措施。所以,我们希望你能认真对待本书中的所有安全提示。正是因为非常危险,因此你应该明确看到了这些提示。

因为时刻记住所有的规则并不容易,所以在开始每一项实验之前和准备每一项实验时都要重新阅读这些规则,这样你就会在实验的每一个危险关头注意保持安全。此外,在做那些会发生潜在危险的步骤时,你要运用自己的判断力,时刻保持警惕。虽然书中并没有提到"小心热的液体"或"不要用刀划破你的手指",但并不表示你在烧水或在塑料瓶上打洞时可以疏忽大意。书中的安全提示只是一些特别的提醒。

安全准则

粗心、仓促、缺乏知识或不必要的冒险都会引发事故,采取安全的步骤和在整个实验过程中都保持警惕可以避免上述危险。一定要阅读书中每项具体实验后附加的安全提示和遵从需要成人监督的要求。如果你是在实验室里做实验,记住不要一个人操作。如果不是在实验室里做实验,要至少3个同学一组,并严格遵守学校和各地的法律对监督人员数量的要求。请求具有急救知识的成人监护员看护,并准备好急救包。确保在实验过程中人人都知道急救员的位置。

准　备

- 在实验之前清理桌面,保持干净。
- 开始实验之前,阅读整个实验说明。
- 了解实验中的危险和可预料的危险。

自我保护

- 有步骤地遵守实验说明。
- 每次只做一个实验。
- 确定安全出口、灭火毯和灭火器的位置,关闭燃气和电源开关,准备好洗眼水和急救包。
- 确保充分通风。
- 不要喧闹嬉戏。
- 不要穿露脚趾的鞋。
- 保证地板和工作间干净、整洁、干燥。
- 立即清除溢出物。
- 如果玻璃器皿破裂,不要自己打扫,请求教师帮助。
- 把长头发束到脑后。
- 不要在实验室或工作间里吃东西、喝饮料或吸烟。
- 除非有知识丰富的成人明确告知,否则不要食用任何实验用的材料。

小心使用器材

- 不要把仪器竖立在桌子边缘。
- 小心使用刀子或其他尖锐的仪器。
- 拔电源插头,而不是拔电线。
- 使用前后都要清洗玻璃器皿。
- 检查玻璃器皿的擦痕、裂痕和尖锐边缘。
- 玻璃器皿破碎了要立即通知老师。
- 不要让反射光照射你的显微镜。
- 不要触摸金属导体。
- 小心用电。
- 使用酒精温度计,而不是水银温度计。

使用化学品

- 不要品尝或吸入化学品。
- 在盛有化学品的瓶子和仪器上贴好标签。
- 仔细阅读标签。
- 避免化学品接触皮肤和眼睛(戴安全镜或护目镜、实验用围裙和手套)。
- 不要触摸化学溶液。
- 使用溶液前后要洗手。
- 彻底清除溢出物。

加热物质

- 在加热材料时戴安全镜或护目镜、围裙和手套。
- 使你的脸远离试管或烧杯。
- 当在试管里加热物质时,避免把试管的顶端对着其他人。
- 使用耐热玻璃制成的试管、烧杯和其他玻璃器皿。
- 不要使仪器处于无人看管状态。

- 使用安全钳和耐热手套。
- 如果你的实验室没有耐热工作台，把本生灯放在耐热垫上之后再点燃。
- 点燃本生灯时要注意安全；点燃本生灯时保持通气孔关闭，使用本生灯专用打火机而不用火柴。
- 使用电炉、本生灯和燃用气体完毕后立即关闭。
- 使易燃物远离火焰或其他热源。
- 手边准备一个灭火器。

实验结束

- 彻底清理你的工作场所和任何使用过的玻璃器皿。
- 洗手。
- 小心不要把化学品或污染了的试剂放入错误的容器。
- 不要在水槽里处理材料，除非要求这样做。
- 清理所有的残留物，把它们放到正确的容器里进行处理。
- 按照各地法律规定处理化学品。

随时保持安全意识！

简 介

其他领域的科学很少像天气与气候的研究这样贴近我们的日常生活。我们开放自由的文化决定了我们对天气有着浓厚的兴趣，这反映在我们的每日新闻上：无论是纸质媒体还是电子媒体，都会报道即时的天气信息。许多人认为，即时的天气信息对于制订每天的计划是十分必要的。天气指的是发生在大气层中的所有情况，包括降雨和温度。天气每天甚至每小时都会不同，因此天气信息的及时更新会帮助我们计划活动并告知我们是应该穿雨衣还是应该带上遮阳伞去上学或者上班。

气候不像天气那么多变，但是二者关系密切。有些家庭根据气候决定在哪里居住，并且他们的可选性很多。有喜欢炎热、干燥条件的，还有对凉爽、潮湿情有独钟的，无论如何，总有适合他们的地方。尽管地球上的每个地方都有不同的气候，但是每一种气候的日常天气类型是彼此相关的。地球上某一个地区的异常天气会引发遥远的另一端的天气变化。

天气与气候的研究会帮助学生理解天气状况及其背后的科学。温度、气压、风和降雨只是气象学家例行收集并分析其数据的几个天气指标。在《20个天气和气候科学实验》中，学生有很多机会亲自动手做实验，其中还会用到和气象专家平时所使用的气象仪器相似的工具。通过实验研究，学习者作假设、收集并解读数据、下结论以及和他人分享信息。

《20个天气和气候科学实验》是"新知图书馆"系列丛书中的一本。文本中包含20个已证实的课堂实验，这些实验可以加深学生对科学现象及本质的了解。本书适合初高中学生，其中的科学研究都非常有趣。

书中包括"水和土壤保持热量的性质"实验，学生将仔细探究水的高热容量对温度的影响。还有对全世界天气现象的分析,比如"模拟厄尔尼诺现象"。在"空气中二氧化碳的来源"和"当地生态系统中紫外线的强度"两个实验中,分析了两种受人类活动影响的天气和气候因素水平。

在"影响云形成的变量"实验中,学生在不断变化的条件下造"云"并分析了他们的发现。"哪一种头发能制作出最准确的湿度计?"实验检验了学生自制的湿度计的有效性,这些自制的湿度计和早期测量湿度的工具相似。"雪花是怎样形成的?"以及"龙卷风是怎样形成的?"两则实验研究说明了迷人的天气背后隐藏的科学道理。在"温度和气压""日落的颜色会随着天气情况而变化吗?"以及"学生自制气象站"的实验中,学生收集若干天内的数据并分析得出结论。

"地形是怎样影响洪水暴发的?"实验关注的是洪水暴发的原因。在"天气预报到底有多准?"实验中,学生记录并且核实预报员的预测是否准确。学生将在"常规温度标尺"实验中重现早期科学家的工作。"对流盒"实验向学生们展示了温度是怎样影响气团运动的。"日照强度"实验向大家解释了太阳光的角度对地球接收到的热量的影响。

传统的实验室很有价值,因为它们教会了我们科学技能,但是最有效的教学方法之一是探究式学习。这种学习方法会促使学生超越一系列的目标,完全参与到以解决问题为目的的科学实验中。通过实行探究式实验,学生有机会去检验他们自己解决问题的方法。"影响蒸发速度的因素"让学生自己创立一个实验来比较三个因素对蒸发速度的影响。在"距离是怎样影响太阳能吸收的?"实验中,学生设计并执行了一个实验,检验距离对能量吸收的影响。

既然相关性是学习的关键之一,那么为了让学生参与到科学当中,天气与气候是再好不过的话题了。通过研究天气,学生可以更多地了解他们周围的世界到底在发生着怎样的事情。他们还能够学会欣赏科学家的工作,了解他们如何收集数据和做出准确的预测。《20个天气和气候科学实验》给学生提供了很多活动,目的是让他们更深刻地理解影响他们生活的各种自然之力以及科学是怎样运作的。

实验 1　水和土壤保持热量的性质

题　目

与土壤相比，水能够更长久地保持热量。

简　介

你是否有这样的经历：在一个寒冷的早晨，你踏出家门，发现外面的土壤已经冻结成固体。即使这样，附近的大的水域里的水可能还是保持着液体的状态。既然土壤已经冻结了，那么大的湖泊或者海洋里的水为什么还是保持着液体的状态呢？答案就在于水具有非比寻常的化学性质。

水是一个两极分子，它的一端具有一个微弱的正电荷，另一端具有一个微弱的负电荷（参见图 1）。就像小磁铁一样，一个水分子的负电荷会被另一个水分子的正电荷吸引。水分子之间的这些吸引力被叫作氢键。在本实验中，你将会了解到这些氢键是怎样影响水保持热量的能力的。

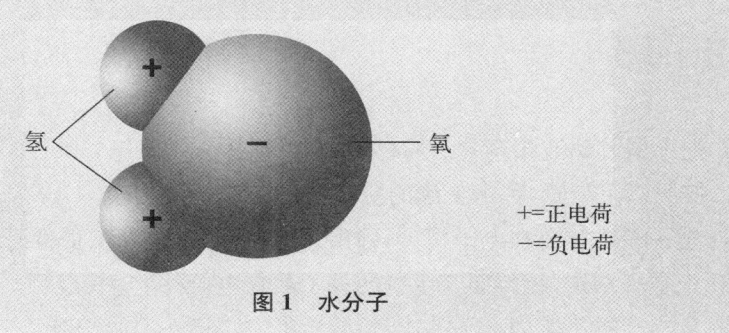

图 1　水分子

实验时间

55 分钟

实验材料

- 2 个大泡沫聚苯乙烯杯
- 2 支温度计
- 加热灯
- 量筒
- 土壤（大约 1 杯）
- 水（大约 1 杯）
- 电子秤或三梁天平
- 时钟或计时器
- 记号笔或标签
- 实验记录笔记本

> **安全提示**
>
> 　　使用加热灯的时候，要特别小心。请仔细阅读并遵守本书"实验前必读"中的"安全准则"。

实验步骤

1. 把土壤装到泡沫聚苯乙烯杯里，大约半杯。
2. 按照以下步骤，称出土壤的质量：
① 把一只空杯放在电子秤上，称出它的质量，并记录在实验记录笔记本上。
② 把空杯拿走，再将装有土壤的杯子放在电子秤上。
③ 称出装有土壤的杯子的质量，然后把它记录在实验记录笔记本上。

④ 用土壤和杯子的总质量减去空杯子的质量，由此得到土壤的质量。

3. 在空杯子中放入与土壤相同质量的水（1毫升水的质量是1克）。

4. 在两个杯子中分别轻轻地插入一支温度计。

5. 把两个杯子都放到加热灯下面，加热30分钟。

6. 当盛放水和土壤的杯子在被加热的时候，把数据表抄写在你的实验记录笔记本上，同时回答分析中的1和2题。

7. 30分钟后，关闭加热灯。读出温度计上面的温度。在数据表的横行标题为"起始温度"中记录土壤和水的温度。

8. 在接下来的20分钟内，每隔2分钟查看一下每支温度计的度数。并在数据表中的适当位置记录下温度。

9. 回答分析中的3—7题。

数 据 表

	盛放土壤的杯子	盛放水的杯子
起始温度		
2分钟		
4分钟		
6分钟		
8分钟		
10分钟		
12分钟		
14分钟		
16分钟		
18分钟		
20分钟		

分 析

1. 为什么冬天的严寒会引起土壤中冰晶的形成，但是却不能让大的湖泊里的水冻结？写出假设并加以分析。

2. 你认为为什么使用相同质量的土壤和水在本实验中是重要环节？

3. 在你的实验中，哪一个温度变化大，是土壤还是水？

4. 你的实验结果显示哪一种物质能够更长久地保持热量，是土壤还是水？

5. 你的实验结果与你的假设有什么差别？

6. 美国芝加哥（Chicago）市所在的伊利诺伊州（Illinois）位于美国密歇根（Michigan）湖畔。在芝加哥，每年有一周的时间，当地的温度可能会达到－10℃，但是密歇根湖却不会结冰。用你的实验结果解释其中的原因。

7. 得出实验结果之后，你能理解土壤和水保持热量能力的区别是如何影响沿海地区的气候的吗？

实验中将会发生什么？

与大多数其他的物质相比，水能够更长久地保持热量。在自身温度不改变的状态下，某一物质保持热量的能力被叫作热容。热能是用卡路里来衡量的。1卡路里的热能能够使1克水的温度升高1℃。相比之下，只需要1/8的热能就能够使等量铁的温度升高1℃。由于相邻的水分子之间氢键的存在，使得水具有非常高的热容。

热量直接影响着大多数物质的分子，使得它们振动并彼此分离。而水对于热量却有不同的反应，当水被加热时，最初的能量会使水分子之间的氢键分裂。在这段时间里，水仍然保持着原来的温度。当所有的氢键都被分离后，独立的水分子开始振动并分离，这时，水的温度开始上升。所以要使水的温度升高需要更多的热量。反之亦然：当水冷却的时候，水分子首先要形成氢键，这样就保持了水的温度。冷却减慢了水分子的运动，也减慢了水温下降的速度。正是由于水分子中氢键的存在，使水变热的速度变慢，冷却的速度也变慢。

与现实生活的联系

水保持热量的能力也影响着气候。因为与土壤相比，水能更长久地保持热量，所以海洋的温度在夜间波动很小，而且相对来说，比较温暖。而在附近的大多数内陆地区，温度下降幅度很大。在夜间，当海面上空温暖的空气上升后，陆地的冷空气会吹过来，引起海风。相反，在白天，陆地温度的上升速度比海洋温度的上升速度快。陆地上的温暖空气上升,海洋上空的冷空气就会吹过来。因此,在白天就会吹陆地风。

水保持热量的能力使沿海城市的昼夜温差比内陆地区的昼夜温差小。此外,这些沿海地区的气候温和,很少有温度极值。例如,在美国旧金山(San Francisco)的沿海地区,夏天的平均最高温度是 20℃;而在离海岸线 32 千米的内陆地区,夏天的平均最高温度是 31℃。然而气候是一个复杂的现象,其中一个原因就是在夏天海洋的温度上升速度没有附近的内陆地区快,所以沿海地区要比内陆地区更凉爽。

想要了解更多吗?

参见附录中"我们的发现"。

实验 2　学生自制气象站

题 目

自制的气象仪器可以用来监控当地的天气状况。

简 介

你是否收听过本地新闻的天气预报,并且想知道这些信息都是从哪里来的,气象学家是怎样收集关于温度、降雨量、风向以及风速的数据并用这些数据来预测天气状况的。这些帮助做出正确预报的信息来自全球的气象站。

一个气象站是由几个收集天气状况数据的不同仪器组成的。大多数气象站包括一个测量温度的温度计、一个测量降雨量的雨量测量器、一个指示风向的风向标、一个测量风速的风速计和一个测量大气压力的气压计。气象站的仪器每天都会由人工进行监控,或是每小时由电脑进行监控。除了雨量测量器和风向标,其他的仪器都被储存在一个小的、敞开的盒子里。

美国的第一个气象站是由托马斯・杰斐逊(Thomas Jefferson, 1743—1826)建立的。杰斐逊对自然十分感兴趣,并于 1776 年之前的一段时间里在美国弗吉尼亚州(Virginia)的家中自制了一个气象站。与此同时,他也写下了第一篇气象日记。他的准确测量和坚持不懈的记录为我们了解美国早期的天气状况提供了大量的信息。杰斐逊的很多记录与现如今气象站的记录是同一类型的。在本实验中,你将自制一个气象站,并用它来监控天气状况。

实验时间

第一天：45 分钟
接下来的 2 天：每天 15 分钟

实验材料

- 大的防风雨的塑料储存容器或者木箱
- 室外温度计
- 胶带
- 透明圆柱形广口瓶（例如橄榄瓶）
- 漏斗
- 尺子
- 永久性标记笔
- 6 根塑料吸管
- 制作卡片的纸料（大约是 7 厘米×12 厘米的索引卡）
- 剪刀
- 2 个直别针
- 2 支带橡皮的铅笔
- 雕塑土
- 圆规
- 4 个小型纸杯
- 秒表（或者带秒针的手表）
- 订书器
- 广口玻璃杯（例如幼儿食品瓶）
- 气球
- 橡皮筋
- 胶水
- 纸
- 绳子

- 实验记录笔记本

> **安全提示**
> 请仔细阅读并遵守本书"实验前必读"中的"安全准则"。

实验步骤：第一天

1. 用胶带把室外温度计固定到大的防风雨的塑料储存器或木箱内侧的底部，然后把它竖起来，让温度计处于塑料储存器或木箱的后面。这个塑料储存器或木箱可以作为气象站。

2. 用透明圆柱形广口瓶制作一个雨量测量器。把尺子沿着广口瓶竖起来，使底边与广口瓶的底部一齐。用永久性标记笔每隔0.3厘米做一个标记，然后在标记处贴上标签。把漏斗放在广口瓶的顶部，并用胶带固定（见图1）。

3. 按照下面的步骤，制作一个风向标。

① 在制卡片的纸料上画一个小箭头（大约2.5厘米），剪下它的前端。再在制卡片的纸料上画一个大小相同的箭头，剪下它的后端。

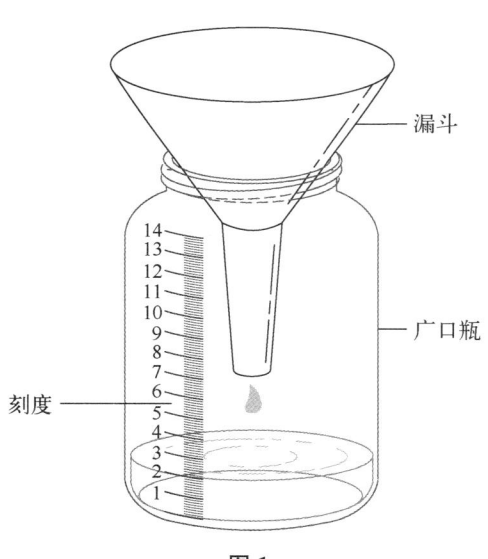

图1

② 用剪刀在一根吸管的两端各剪出一个切口。把箭头的前端放到吸管一侧的切口里，用胶带固定。把箭头的后端放到吸管的另一侧的切口里，用胶带固定。

③ 把直别针穿过吸管的中间，再把它的尖端插入到铅笔上的橡皮中（参见图2）。

4. 按照下面的步骤，制作一个风速计。

① 把4根吸管用胶带固定成十

字架的形状。

② 在每根吸管的尾部用订书器钉住一个纸杯,并使4个杯口朝向同一个方向。

③ 用永久性标记笔画出一个"×"(便于计算旋转的圈数)。

④ 把直别针插入到吸管的十字架中心,再把直别针的尖部插入到铅笔上面的橡皮中(参见图3)。

5. 按照下面的步骤,制作一个气压计。

① 拿出气球,在上面剪下一个能盖住广口瓶瓶嘴(例如幼儿食品瓶)的圆。

② 把剪下的气球紧绷在广口瓶上部,并用橡皮筋固定。

③ 在剪下的气球中心涂少量的胶水。

④ 把塑料吸管的一端放到胶水上,另一端悬在广口瓶的边缘(参见图4)。

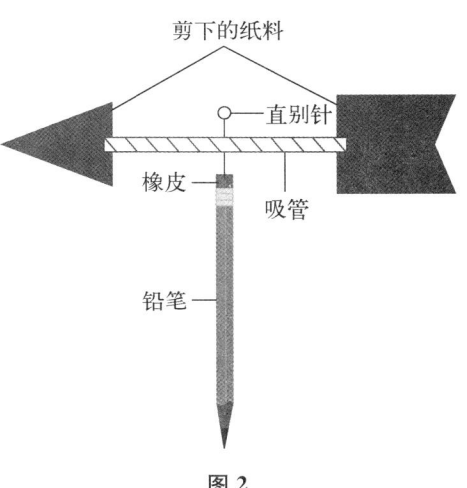

图 2

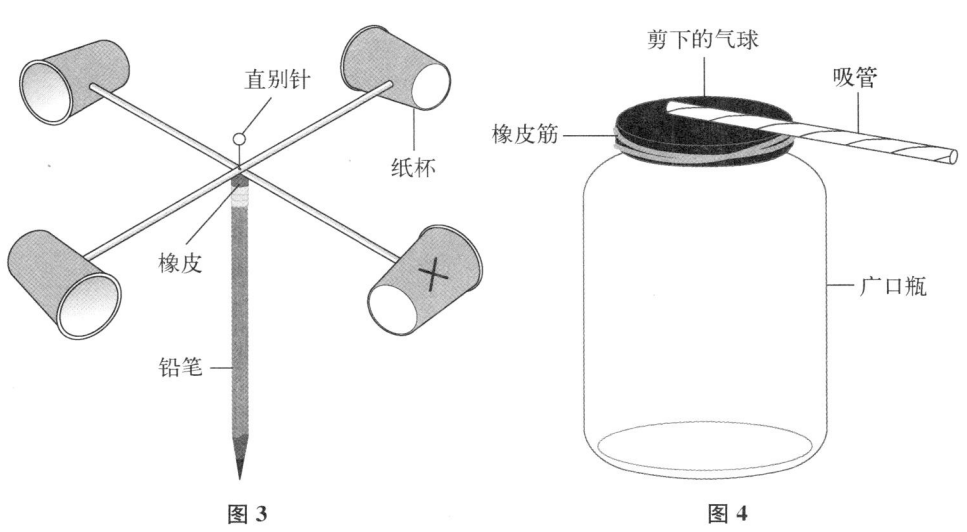

图 3　　　　　　　　图 4

6. 把所有用来收集天气数据的设备拿到室外,放到由你的教师选择的安全地点,按照下面的步骤建立气象站。

① 把装有室外温度计的容器竖起来,并把雨量测量器放到容器的顶部,用

实验2　学生自制气象站

雕塑土或者胶带把广口瓶固定在适当的位置上。

②用雕塑土或者胶带把风向标上的铅笔固定到气象站的顶部。

③用雕塑土或者胶带把风速计固定到气象站上。

④把一张纸贴到容器一侧的内壁上,把气压计放到纸的前方,用尺子在纸上画一条与广口瓶顶端水平的线,在线的上面写上"高压",在线的下面写上"低压",在纸上画出吸管最初的位置。

7. 用气象站的每一种设备,收集关于天气状况的信息。在数据表格上记录下关于每一种设备的发现。

① 读出温度计的度数。

② 观察气压计指针的位置,记录下是高压(上升)还是低压(下降)。

③ 用雨量测量器收集到的水量来计算降雨量(第一天,雨量测量器中不会有雨,除非你在降雨时建立气象站)。

④ 用圆规检测出风向标指向哪个方向。

⑤ 通过统计 1 分钟风速计的旋转次数来计算风速。

⑥ 在数据表格中记录你的发现。

实验步骤:接下来的 2 天

第 2 天和第 3 天重复步骤 7。

数 据 表

	第一天	第二天	第三天
温度(华氏温度)			
降雨量			
风向风速(每分钟的旋转圈数)			
气　压			

分　析

1. 在你收集数据的那几天,观看本地新闻或者上网查看你所在城市的天气预报,并进行对比。

2. 你的数据可能会与气象专家的数据不一致,原因是什么?

3. 气压与天气状况有什么联系?

4. 你认为有必要测量风向吗?

5. 你认为温度会影响天气的其他因素吗(例如气压、风或者降雨)?

6. 除了从气象站能收集到的数据外,还有什么因素在描述天气时是重要的?

实验中将会发生什么?

从根本上讲,地球上的天气类型取决于太阳。太阳光照射地球,使其温度升高。因为地球沿着它的轴线倾斜,所以太阳不均匀地照射在地球上,赤道附近地区接收到的热量比两极地区多。此外,大陆吸收的热量比水多。由于不均匀加热而引起的温度的变化会导致全球各地气压和湿度的不同。

与冷空气相比,暖空气更轻,压力更小,因此,暖空气通常会移动到冷空气的上方。这样的运动会引起来自高压锋面的风。如果冷暖锋相遇的地方压力差异很大,风速就会越快。而且,当两个压力锋面相遇时,向上的空气运动就会相应地引起降雨。

与现实生活的联系

你是否在炎热、潮湿的天气里看见过雷雨云团的形成呢? 这些云团被叫作积雨云。当温暖、潮湿的空气迅速冷却后就会形成积雨云。当空气冷却时,会引起空气中的水蒸气凝结成水,然后形成云。当水凝结时,会释放能量,使空气的温度升高,因此,空气继续上升,引起极高的雷雨云团。一旦云再也承载不住雨滴的重量,凝结的水就会以雨或者冰雹的形式落下来。

随着积雨云中有越来越多的水凝结,云中的雨滴、冰雹和冰晶会相互碰撞而引起电荷。正电荷和负电荷趋于移向不同的区域,负电荷通常集中在云的底部,而正电荷通常集中在云的顶部。地面上也聚集着正电荷。一旦电荷的差异变得足够大,就会发生能量的转移,也就是我们看见的闪电。雷击通常发生在一片云的两个区域或者是发生在云和地面之间。雷击非常危险,因为它的温度是太阳表面的 5 倍。

想要了解更多吗？

参见附录中"我们的发现"。

实验 3　雪花是怎样形成的？

题　目

我们可以在形成冰晶的装置中观察到雪花的独特结构。

简　介

你可能听说过，没有两片雪花的结构是相同的。因为我们不可能观察每一片雪花，所以没有人知道这是不是真的。但是我们可以确定的是雪花有无数种结构，不管雪花会呈现出怎样的独特结构，它们通常都是六边形的，跟水分子的结构一样(参见图1)。在水分子形成冰时，为了保持稳定性，水分子自身排列成六边形结构，由氢键把它们紧紧地聚集到一起。每一片雪花刚开始都是云中的一个小冰晶。当水凝结成晶体，每一条边形成了我们观察雪花时看到的复杂形式。

我们全年看到的云大都是由类似于形成雪花的小冰晶组成的。云层内部的温度和条件决定了这些小冰晶能否形成雪花。云层内部温度的变化幅度决定了雪花的基本形状，并且在下落过程中不断形成雪花。雪花在穿过大气的过程中，大气

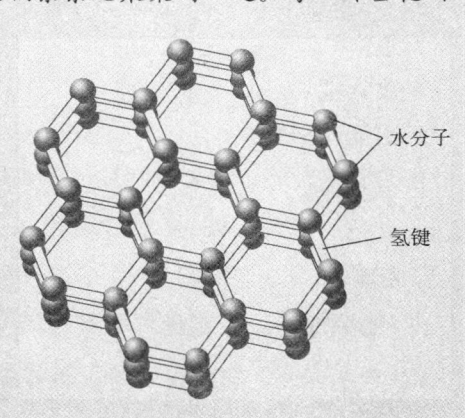

图 1　水的分子结构

的条件会决定结晶的方式和雪花落到地面时的形状。在本实验中,你将自制一个雪花室,并观察雪花的形成过程。

实验时间

60分钟

实验材料

- 碎干冰
- 手套
- 约560毫升带盖的空塑料瓶
- 3个泡沫聚苯乙烯杯,约946毫升
- 剪刀
- 厨房海绵
- 4个直别针
- 细鱼线(规格为453克)
- 曲别针
- 胶带
- 水(大约1杯)
- 纸巾
- 放大镜
- 铅笔或钢笔
- 实验记录笔记本

安全提示

拿干冰的时候要戴上手套,因为干冰如果直接接触皮肤表面,会造成皮肤组织损伤。使用剪刀和直别针时要小心谨慎。请仔细阅读并遵守本书"实验前必读"中的"安全准则"。

实验步骤

1. 用约560毫升塑料瓶的瓶盖作为工具,在泡沫聚苯乙烯杯底部切一个洞,使瓶盖能够紧紧地插入洞中(参见图2)。

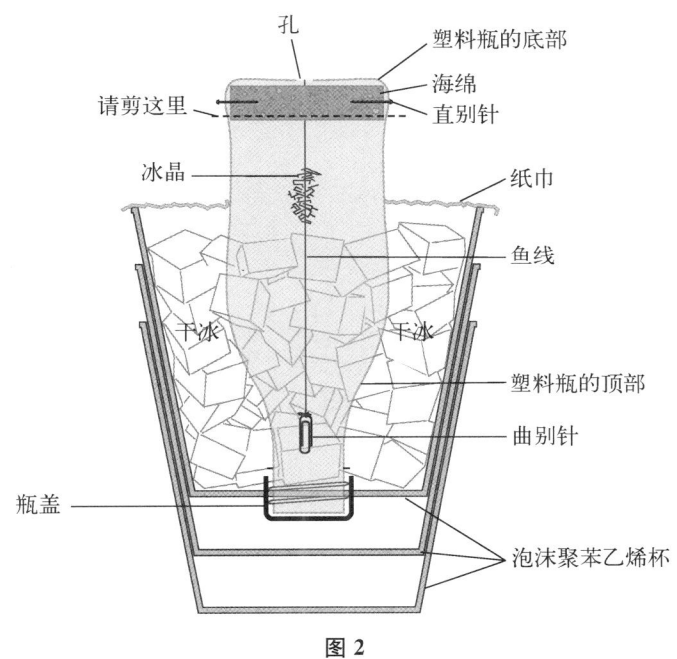

图 2

2. 把插入瓶盖的杯子与另两个杯子叠放到一起。
3. 用剪刀沿着塑料瓶的底部剪大约2.5厘米,去除瓶子的底部。
4. 在瓶子底部的中心切一个切口或一个小孔。
5. 把海绵剪成瓶子底部大小的圆形,在海绵中心切一个小孔(把海绵放到瓶子底部时,海绵上的孔应与瓶子底部上的孔在一条直线上)。
6. 把海绵放到瓶子较低的部分里,把4个直别针穿过瓶子插入到海绵中,使海绵固定在适当的位置上。
7. 剪下一段鱼线,使它的长度比整个瓶子的长度短2.5厘米。
8. 在鱼线的一端绑一个曲别针,把它穿过瓶子和海绵上的孔,把鱼线的另一端用胶带固定在瓶子的外面。

9. 把塑料瓶的上部倒置在嵌套的泡沫聚苯乙烯杯中。

10. 用水把海绵浸湿，然后把带海绵的瓶子的底部放在倒置的装置上面。用胶带把瓶子的两部分粘到一起。曲别针应该能够在瓶内自由摆动，必要时调整鱼线的长度。

11. 用干冰填满上面的泡沫聚苯乙烯杯，使干冰包围着整个塑料瓶。用纸巾覆盖在干冰上，并用胶带把纸巾固定到瓶子和杯子上。

12. 观察瓶子中的鱼线。5分钟后冰晶开始形成，45分钟至1小时后会有大的冰晶形成。

13. 当干冰减少时，继续添加干冰。

14. 用放大镜观察冰晶。并在实验记录笔记本上记录观察结果。

分 析

1. 画一幅在你自制的装置中形成的冰晶的草图。
2. 形成的冰晶看起来像雪花吗？为什么？
3. 冰晶的形成方式与雪花的形成方式的异同是什么？
4. 瓶子底部的海绵为什么必须是湿的？如果海绵是干的，会怎么样？
5. 为什么我们使用的是干冰而不是普通的冰？
6. 为什么冰晶在鱼线上形成，而不是在瓶子内部的其他地方？

实验中将会发生什么？

当温度低于0℃时，水蒸气凝结，冰晶形成。然而，如果没有某种凝结的基地，冰晶就不能形成。在云的内部，冰晶生长在凝结核上，或者类似灰尘的微观粒子上。如果没有这种微粒或者核子为中心，雪花就不会形成。凝结开始后，水原子排列成坚固的具有六边形状的晶体点阵形状（参见图1）。当水继续在原有的晶体周围凝结时，根据温度和气压的不同，雪花会呈现出独特的形状。

这个由凝固的冰晶形成的薄的六边形相对来说不是很稳定，所以当温度下降时，更多的水凝结在原有的晶体上，形成"手臂"，从原有的六边形上伸出来。这些长的突出部分在-5℃时形成，它们被叫作针状物，属于"鱼骨"图案。当温度更低的时候，冰晶开始形成空心柱和扁平的盘子形状。气温更冷时，到-15℃

或者更低,会形成树枝状结晶的花边形状的雪花。雪花在大气中落到地面上之前,会穿过很多冷暖空气。冰晶因温度和气压不同会形成不同的形状,所以雪花在降落到地面之前遇到的独特天气条件决定了它的独特形状。

与现实生活的联系

在那些全年降雪量很大的寒冷气候里,雪一层层堆积,最后形成冰川。当雪降到地面时,它通常会稍微融化一些,然后重新冻结成颗粒状的冰晶。当雪层逐渐堆积,颗粒状的雪被压缩成更加密实的形式,即我们所说的积雪。上面的积雪不断增加,压力不断增大,积雪最后会变成密度极大的冰川冰。冰川冰为淡蓝色,因为冰晶被紧紧地压缩到一起,挤扁了中间的气泡,所以它与包含大量空气的冰(呈现出白色)以不同的方式反射太阳光。

经历了数百年,冰川冰形成巨大的冰川。目前,它的面积是地球表面的10%,同时,冰川的淡水量约占全世界淡水量的75%。最厚的冰川在南极洲,有的冰川高达4 200多米。今天仍然存在的一些冰川是由100 000年前的降雪形成的。在上一次冰河时代,冰川大约覆盖了全球1/3的面积。但是自从那时起,由于分裂和崩解,它们开始融化、消退,而且此过程仍然在继续。

想要了解更多吗?

参见附录中"我们的发现"。

实验4　模拟厄尔尼诺现象

题 目

演示厄尔尼诺现象对全球气候的影响。

简 介

当典型的太平洋信风减弱,引起全球天气急剧变化时,厄尔尼诺现象就会发生。在圣诞节左右,天气状况的改变出现在南美洲海岸,所以被叫作"厄尔尼诺"或者"小男孩",意思是圣婴。科学家不确定风的类型会发生改变的原因,但是它每2至7年会定期发生。一年后风会恢复成原来的类型,但是在全球的某些地区,天气的类型会受到影响多达5年之久。

在没有厄尔尼诺现象的正常情况下,信风从东向西吹过太平洋。信风把温暖的东太平洋的表层水吹向西太平洋,引起东太平洋深处较冷的海水上升。深海含有丰富的营养物质,使东太平洋在这段时间内非常高产。然而,厄尔尼诺发生时,信风减弱,海水不会上升。在本实验中,你将制作一个模具来解释引起厄尔尼诺现象的原因。

实验时间

25分钟

实验材料

- 大的、透明的塑料容器(45厘米×10厘米×10厘米)
- 一杯或者一杯半矿物油或婴儿润肤油
- 一瓶蓝色食用色素
- 油性红漆(大约一小匙)
- 大的搅拌东西的碗
- 搅拌棒或大的勺子
- 漏斗
- 电吹风
- 2张索引卡
- 胶带
- 铅笔或者钢笔
- 水源
- 实验记录笔记本

安全提示

在水附近使用电气设备的时候要多加小心。请仔细阅读并遵守本书前面的"实验前必读"中的"安全准则"。

实验步骤

1. 往塑料容器中加入大约2/3的水。
2. 往水中加入足够多的食用色素,使水呈深蓝色,代表冷水层。
3. 把油倒入碗中,加入几滴红色的油漆,用搅拌棒或勺子使两者混合,直到颜色均匀。
4. 通过漏斗,轻轻地把红色油漆注入塑料容器中,在水的表面形成一个表层,代表太平洋的暖水层。

实验4 模拟厄尔尼诺现象

5. 把容器的右侧标记"东",左侧标记"西"。

6. 打开电吹风,从容器的东侧吹向西侧。在实验记录笔记本上记录下你观察到的现象。

7. 关闭电吹风。观察容器中的液体发生了什么变化,并记录下来。

分 析

1. 容器里的液体被电吹风吹的时候发生了怎样的情况?这代表了海洋中的什么现象?
2. 电吹风关闭的时候,发生了怎样的情况?这代表了海洋中的什么现象?
3. 海洋的温度与天气有什么联系?
4. 厄尔尼诺发生时,东太平洋和西太平洋各会出现什么天气类型?
5. 厄尔尼诺现象怎样影响太平洋里的海洋生物和周围的野生生物?

实验中将会发生什么?

太平洋地区的向西吹的信风把温暖的海水吹向了西太平洋大陆,这使得亚洲海岸的海水表面比南美洲海岸的海水表面高出大约 0.5 米。这种温暖的表层海水远离东太平洋的移动会引起深海海水的上升,把营养物质和微生物带到海水表层附近,为海洋生物和鸟类以及其他野生生物提供了足够的食物。然而,当厄尔尼诺发生时,温暖的海水被吹向南美洲,使得海洋生物能够获得的食物减少。因此,鱼类和其他生物为了找到食物必须迁移,否则就会饿死。

正常的太平洋信风是亚洲、澳大利亚和印度尼西亚形成降雨的原因。这是因为温水比凉水更易于蒸发。蒸发的水会形成云,被吹向西太平洋后形成降雨。然而,在厄尔尼诺期间,温暖的海水会向东移动,降雨也随之向东移动(参见图1),因此会引发北美洲和南美洲地区的洪水以及澳大利亚、亚洲和印度尼西亚地区的干旱。当然,天气类型的转变不仅影响太平洋周围的大陆地区还影响全球,所以太平洋温气流的变化会取代其他地区的风型,引起全球天气的变化。

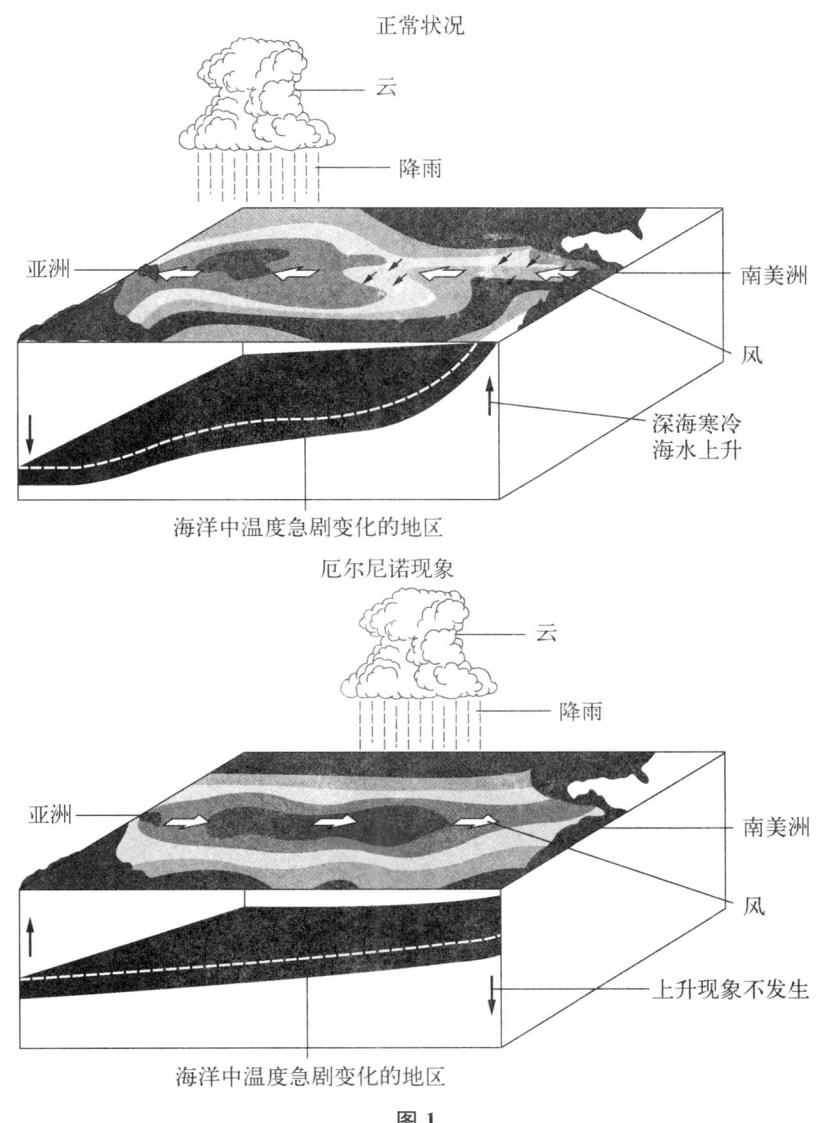

图 1

与现实生活的联系

有时候厄尔尼诺现象过后,天气状况不会立刻恢复正常。通常,厄尔尼诺现象过后会出现另一种天气变化的趋势,这种现象被叫作拉尼娜,但并不总是这

实验 4　模拟厄尔尼诺现象

样。一旦厄尔尼诺现象消失,太平洋地区正常的向西吹的信风又会返回,但是通常会比正常的信风吹得更猛烈。因此,太平洋的海水温度下降,因为猛烈的信风把表层温暖的海水吹走了,所以亚洲附近的海水温度比正常情况低。

拉尼娜的意思是"小女孩",它与被叫作"小男孩"的厄尔尼诺现象正好相反而得名。拉尼娜会引起亚洲、澳大利亚和印度尼西亚地区的洪水以及北美洲和南美洲地区的干旱。虽然拉尼娜并不像厄尔尼诺那样出名,但却同样会影响全球气候的急剧改变。拉尼娜引起的海水低温通常会持续 9—12 个月,但也可能持续 2 年以上。厄尔尼诺和拉尼娜都是"圣婴-南方涛动"(缩写为 ENSO)的一部分。尽管它们的发生没有规律也不能被预知,但是最近几年频繁发生,科学家认为很可能是由全球变暖导致的。

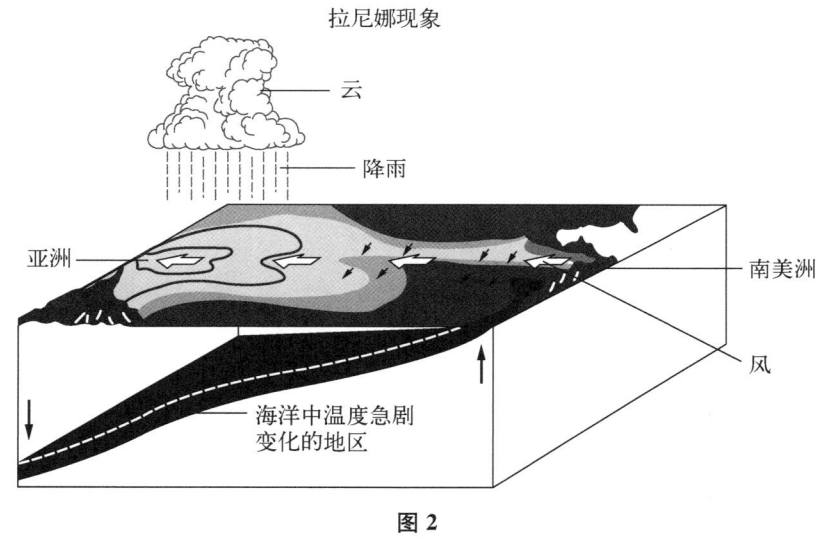

图 2

想要了解更多吗?

参见附录中"我们的发现"。

实验 5　影响蒸发速度的因素

题　目

水蒸发的速度因天气状况而不同。

简　介

你曾见过阵雨过后的大水坑在第二天就消失了吗？水坑很可能是蒸发了。蒸发是指从液体状态向气体状态的改变。当你看见蒸汽从一壶沸腾的水中冒出来时，蒸发正在进行。液体的水正在变成水蒸气。当水沸腾时，蒸发会立即发生，因为水分子从炉火中吸收了大量的能量，所以它们再也不能以液体的状态存在了，而且必须以气体的状态散开。但是你不必为了蒸发现象的发生而烧水，因为自然界中蒸发现象随时发生。

水以3种不同的状态存在，即固体（冰）、液体（水）和气体（水蒸气或蒸汽）。水会随着大气条件，例如温度和气压的改变而不断改变自身的状态。水以降雨的形式降落到地面上，然后会蒸发到空气中，之后又会凝结成具有水和冰的云，这样又会制造更多的降雨。这一系列自然事件被称为水循环。在本实验中，你将探究影响蒸发速度的因素。

实验时间

90分钟

实验材料

- 玻璃鱼缸
- 大的硬纸盒
- 4个400毫升的烧杯
- 4个600毫升的烧杯
- 4个铝饼盘
- 加热板
- 温度计
- 尺子
- 电子秤或三梁天平
- 100毫升的量筒
- 冰
- 盐
- 电风扇
- 薄雾喷雾器
- 加热灯
- 铅笔或者钢笔
- 水源
- 实验记录笔记本

安全提示

使用玻璃器皿、加热板、加热灯和任何电器设备时要谨慎小心,特别是在有水的地方。请仔细阅读并遵守本书"实验前必读"中的"安全准则"。

实验步骤

1. 你的工作是设计并完成一个实验,对影响水蒸发速度的3个因素进行对比,你可能需要检测的因素有温度、风、湿度、表面积和日照量。

2. 你可以使用教师提供的任何工具,但是没有必要每一种工具都用。

3. 请记住,你做的每个实验都需要一个参照实验,这是本实验中必不可少的一部分。比如,你要把装水的烧杯放到加热灯下加热并观察高温对蒸发速度的影响,你就必须准备一个相同的装水的烧杯,但是不要把它放到加热灯下加热,来作为参照实验。

4. 在做实验前,确定好你要做什么。在数据表格中写下你要采取的步骤(你的实验过程)和你要用的材料(材料清单),然后把它们给你的教师看。如果你获得了教师的批准,请继续你的实验;如果没有,请修改后再拿给教师。

5. 一旦获得教师的批准,就可以收集你需要的材料并开始实验。

6. 在你自己设计的数据表格中记录结果。

分 析

1. 在实验中,你要对什么因素进行比较,为什么选择这些因素?

2. 在实验中,哪一种因素最能提高蒸发的速度?哪一种因素对蒸发速度的影响最小?

3. 根据你的实验结果,在什么天气状况下,水体中的水蒸发得最多?

4. 你所在地区的降雨最初是从某个地区蒸发,形成云,然后形成降雨的。你认为这些水是从什么地方蒸发而形成当地的云和雨的?请说明原因。

5. 确保你的实验是对照实验,并描述实验步骤。保持本实验中所有的因素都相同,而不仅仅是你所测量的那个因素,这样做为什么那么重要?

实验中将会发生什么?

水蒸发的速度取决于以下几个因素。温水比凉水蒸发的速度快,这是因为热量是能量的一种,它能让水粒子移动的速度加快。水粒子移动的速度越快,就越容易从液体状态变成气体状态散发出去。水体的表面积也会影响蒸发的速度。具有相同贮水量的一个大的、浅的池塘比小的、深的池塘里的水蒸发速度更快。水必须与空气接触才能蒸发,如果更多的水与空气接触,就会有更多的水转变成气体。

数 据 表

实验程序	
材料清单	
教师的批准	

水的蒸发不仅依赖于水的状况,也依赖于周围空气的状况。水体上方的空气湿度也会影响水的蒸发速度,水体上方干燥的空气比潮湿的空气吸收的水蒸气更多。如果空气很潮湿,它就会留不住太多的水,因为它本身的水含量已经很高了。风也会加快蒸发的速度,因为如果空气流通的速度快,就会有更多的空气在水体上空流动。当空气移动到水体上空时,会吸收水蒸气,所以空气流动越多,蒸发速度越快。

与现实生活的联系

你看见过有人烧水之前在壶中加入食盐吗?你想过他们为什么这么做吗?在水中放入食盐会使沸点上升,最终会使食物熟得更快,这种现象被叫作沸点上升。通常,水在100℃会沸腾。水沸腾时,会蒸发形成水蒸气,在纯液体状态下,水变成水蒸气不会超过100℃。只要那壶水开了,不管你怎样加热,水的温度也不会再升高。但是如果往水中加入像盐类的物质,就会使温度高于100℃。

往水中加入物质会使沸点上升是因为这些微粒阻碍了水由液体变成蒸气。水蒸发是因为水分子到达表面变成气体,但是水中加入的其他物质会降低到达表面的水分子的数量,所以为了克服这个由外来物质带来的问题,水会吸收更多的热量,温度就会升高。加入的微粒越多,温度上升得越快,越能促使水蒸发。由于食盐是由两个原子——钠和氯组成的,所以当被放入水中后,会变成两个粒子,这样更能促进沸点上升。

想要了解更多吗?

参见附录中"我们的发现"。

实验6　空气中二氧化碳的来源

题　目

比较气体样本中二氧化碳的数量。

简　介

在历史上,地球的气候已经变化很多次了。在过去,地球轨道的变更和持续的火山活动引起冷暖的交替。在过去的200年中,人类活动引起了地球平均气温的上升,即全球变暖。全球变暖是由逐渐增加的温室气体引起的(参见图1)。

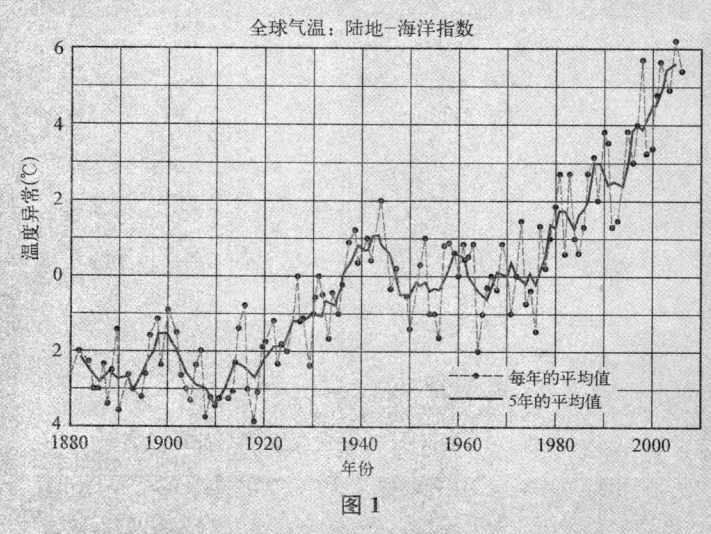

图1

阳光射进大气层，使地球表面变暖。地球吸收一部分光线，同时又反射一部分光线回到太空中。地球大气层的温室气体担任隔离层，阻止热量进入太空。因此，包括二氧化碳和甲烷在内的温室气体保持地球足够温暖，以此来维持地球上的生命。然而，温室气体层的异常加厚引起了不正常的升温，于是导致地球的温度比以前高。在本实验中，你将比较气体样本中二氧化碳的数量。

实验时间

45 分钟

实验材料

- 4 支大试管
- 试管架
- 4 个气球
- 4 个扣式扭线环
- 量筒
- 漏斗（玻璃制品或金属制品）
- 工作皮手套
- 橡胶管（能够和漏斗的底端大小相匹配）
- 吸管
- 雕塑土（大小为大理石的尺寸）
- 滴管瓶中的溴百里酚蓝指示剂
- 滴管瓶中的稀氨溶液（1 份氨水兑 50 份蒸馏水）
- 100 毫升的醋
- 60 毫升的蒸馏水
- 5 克碳酸氢钠
- 锥形烧瓶

- 气泵
- 标签带
- 标记笔
- 方格纸
- 汽车
- 实验记录笔记本

安全提示

在本实验中,要一直戴着护目镜;不要从汽车的尾气收集气体,你的教师会帮你收集;使用玻璃器皿和化学物品时要小心。请仔细阅读并遵守本书"实验前必读"中的"安全准则"。

实验步骤

1. 在试管上标记出 A、B、C 和对照。每个试管中加入 15 毫升的蒸馏水和 10 滴溴百里酚蓝指示剂。

2. 在 4 个气球上标记出 A、B、C 和对照。

3. 用不同的气体填充气球时,要记住以下几点:

① 用扣式扭线环绑住气球,而不是打个结。

② 每个气球应该保持相同的直径(17—20 厘米)。

4. 用自己的呼吸填充气球 A。往气球里吹气,使它到达适当的大小,用扣式扭线环绑住气球。

5. 让你的教师按照下面的步骤往气球 B 中填充汽车尾气:

① 把橡胶管固定在漏斗颈上。

② 把气球绑到橡胶管的另一端。

③ 戴上厚手套,把漏斗对准一个空转的车辆尾气管,直到气球到达适当的大小。

④ 用扣式扭线环绑住气球。

6. 往气球 C 中填充几乎是纯的二氧化碳。把 100 毫升的醋放到锥形烧瓶中,再加入碳酸氢钠,然后立即把气球套在锥形烧瓶的瓶口,等到气球到达适当的大小后,用扣式扭线环绑住气球。

7. 用大气填充对照气球。用气泵使气球到达适当的大小,用扣式扭线环绑住气球。

8. 用雕塑土覆盖吸管的一端,做成漏斗形状的圈,使气球嘴刚好能放进去。把气球 A 的嘴放到雕塑土圈上,调整位置,确保空气不会露出去。把吸管的另一端放到试管 A 中,拿走扣式扭线环,轻轻地挤压气球直到所有的气体通过溶液进入到试管中。在数据表中记录下溶液的颜色,接下来重复以上步骤。

9. 观察每一个试管的颜色。二氧化碳遇到水会产生碳酸,碳酸使溴百里酚蓝变成黄色。在有颜色改变的试管中加入稀释氨,一次一滴,直到碳酸被中和,液体的颜色与对照试管中液体的颜色相同。在数据表中记录下往每个试管里滴入的稀释氨的滴数。

数 据 表

样　　本	试管颜色	氨的滴数
A		
B		
C		
对照		0

分　析

1. 在方格纸上绘制你的结果,X 轴代表气体样本,Y 轴代表氨的滴数。
2. 哪一种气体含有最多的二氧化碳,哪一种最少?
3. 科学家宣称汽车尾气是大气中二氧化碳的主要来源之一,你的实验结果证实了这一点吗?请说明原因。
4. 在美国,为了降低车辆尾气的排放量,应该采取什么措施?
5. 大气中的二氧化碳的其他来源是什么,又该怎样减少(或清除)这些二氧化碳的来源?

实验6　空气中二氧化碳的来源

6. 就个人而言，怎么能够降低你自己排放的温室气体的数量？

实验中将会发生什么？

温室气体是指任何覆盖在地球表面，能够帮助保留地球表面附近热量的气体。温室气体主要是由水蒸气和二氧化碳组成，但是也包括甲烷、臭氧、一氧化二氮、含氯氟烃及其他的微量气体。随着19世纪工业革命的发展，温室气体的排放量急剧上升。大多数温室气体是由燃烧化石燃料造成的，比如煤和石油（被用来制造汽油）。

自从工业革命以来，人类越来越多地依赖于化石燃料来作为能量和交通方式的来源。结果，随着时间的推移，二氧化碳的排放量急剧上升（参见图2）。森林砍伐也导致了空气中的二氧化碳数量的升高，因为能够吸收二氧化碳进行光合作用的植物的数量减少了，二氧化碳停留在大气中，变成了保持地球附近热量的厚层气体的一部分。未来，温室气体的排放量将继续升高，除非化石燃料的燃烧数量急剧降低。不幸的是，还没有发现能够像煤和石油一样效率高并且可靠的新燃料资源。

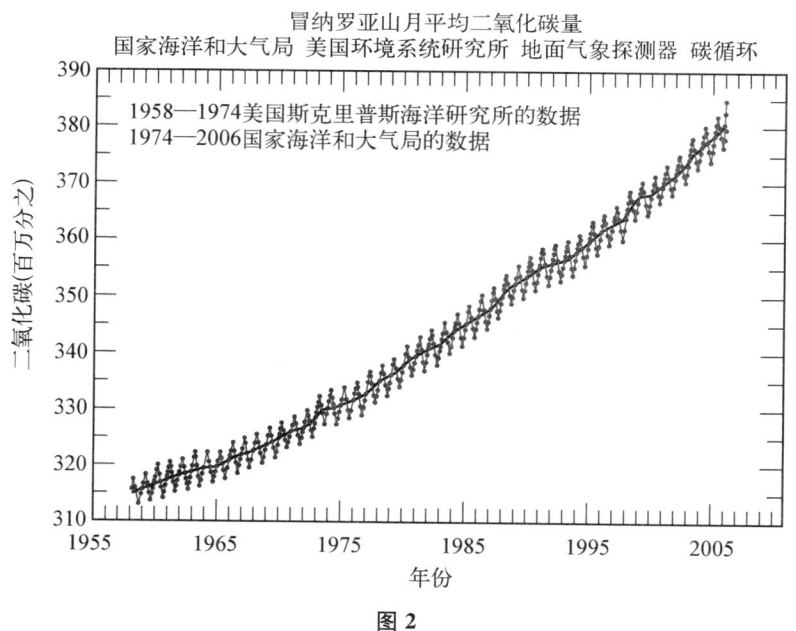

图 2

与现实生活的联系

在过去的100年中,地球上记载的平均温度已经上升了0.74℃。这看起来似乎只是温度的小幅度提升,但却是不可忽略的,它也会直接影响天气类型和地球上大量的物种。许多生物对气温的改变非常敏感,珊瑚就是其中一个,水的温度只改变1℃就能引起珊瑚白化和死亡。珊瑚对于海洋来说非常重要,它们的滤食性摄食能不断地净化海水。此外,珊瑚礁给许多大陆提供一个屏障。同时,它们也能保护海洋生物。海洋中的大多数鱼类都在珊瑚礁里孵化,所以如果没有了这种生物,鱼的数量也会急剧减少。

全球变暖也会增加地球上恶劣的天气。随着海洋温度的升高,尽管只是轻微的升高,但是热量会加快水的蒸发速度,进而推动了暴风雨的形成。大量破坏性的强飓风和台风也是由这些温度升高的水引起的。除了强暴风雨,温暖的海洋流使极地的冰冠融化,增加了海洋中水的体积,这又导致了破坏性的潮汐波和洪水。就全球变暖而言,温度的轻微变化的影响是十分显著的。

想要了解更多吗?

参见附录中"我们的发现"。

实验 7　当地生态系统中紫外线的强度

题 目

测量和比较两个相邻生态系统中的紫外线强度。

简 介

紫外线是太阳射出的一种能量波,也是组成电磁波谱的几种能量之一。其他的电磁射线包括无线电波、微波、红外线、可见光、紫外线、X 射线和伽马射线(图 1)。所有类型的电磁射线各有不同,这是因为波里包含的

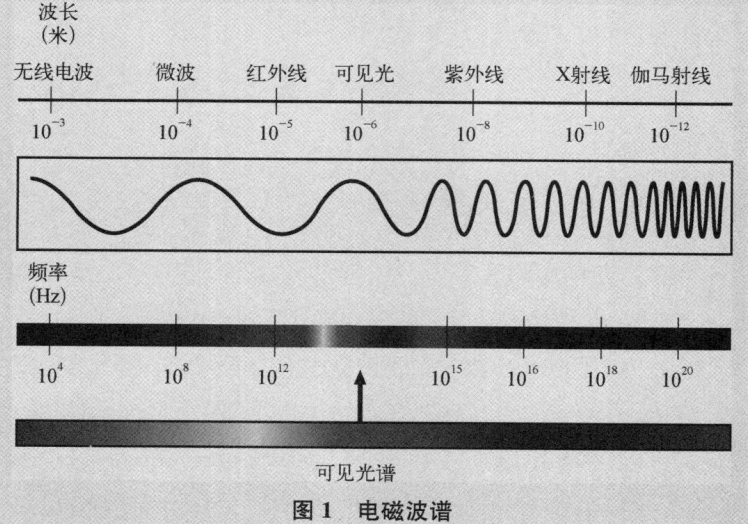

图 1　电磁波谱

能量不同,能量大小由波长反映出来,紫外线比可见光的波长短,就说明紫外线比可见光所携带的能量多。

　　紫外线通过3个波段呈现出来:长波、中波和短波。短波紫外线会被上层大气吸收,不会到达地面。然而,长波紫外线和中波紫外线是人类所担忧的,因为它们能够引起晒伤和皮肤损伤。人类可以通过使用光谱防晒乳和遮光剂来避免这些损伤。可是,这些射线不仅会伤害人类,许多其他的生物也会受到紫外线的影响,也可能被高强度的紫外线伤害。在本实验中,你将设计一个实验来比较两个相邻生态系统中的紫外线强度。

实验时间

60分钟(由于实验设计的不同,时间也会不同)

实验材料

- 2个紫外线传感器(电子的或者指示器标示卡)
- 秒表
- 测高仪
- 室外温度计
- 卷尺
- 铅笔或者钢笔
- 实验记录笔记本

安全提示

请仔细阅读并遵守本书"实验前必读"中的"安全准则"。

实验步骤

1. 你的任务是设计并完成一个实验,对比相邻两个生态系统中的紫外线强度。
2. 你可以使用教师提供的任何工具,但是没有必要每一种工具都用。
3. 在做实验前,确定好你要做什么。在数据表格中写下你要采取的步骤(你的实验过程)和你要用的材料(材料清单),然后把它们给你的教师看。如果你获得了教师的批准,请继续你的实验;如果没有,请修改后再拿给教师。
4. 一旦获得教师的批准,就可以收集你需要的材料并开始实验。
5. 在你自己设计的数据表格中记录结果。

数 据 表

实验过程	
材料清单	
教师的批准	

分 析

1. 描述一下实验中你选择的两个生态系统,说明你为什么选择这两个特殊的地点?
2. 确保你的实验是对照实验,并描述实验步骤。这样做为什么那么重要?
3. 这两个地点的紫外线有什么异同?
4. 生态系统中的什么因素可能会影响你要测量的紫外线的强度?
5. 紫外线是怎样影响你测量的地区的生物的?
6. 什么样的生态系统会比你测量的地区的紫外线强度高?

实验中将会发生什么?

在紫外线的3个波段中,真正能到达地球表面的是长波紫外线和中波紫外线。中波紫外线的波长更长,因此它比长波紫外线携带的能量少。中波紫外线会引起人类晒伤,因为人类的表层皮肤会吸收中波紫外线。而长波紫外线的能量更多,所以它会进入人类的深层皮肤,引起皱纹、皮肤失去弹性和早衰。这两种紫外线都能引起皮肤癌。除了对人类的影响外,紫外线也会对相同生态系统内的其他生物造成损伤,高强度的紫外线会对植物和进行光合作用的藻类造成损伤,也包括海洋浮游生物,由于这些生物都是它们所在生态系统食物网的基础,所以紫外线的影响是广泛的。

每个地区到达地球表面的紫外线的量是不同的,赤道周围的地区比南极和北极地区的日照多,因此紫外线更强。此外,在高海拔的地区,到达地面的紫外线更多,因为地面较高,紫外线在到达地面之前没有机会消散。云层和雾也会影响一个地区紫外线的量,因为在射线到达较低大气层之前,会被云和雾吸收。都市附近的地点会比偏僻的地点接收到的紫外线少,因为在城市中,对呼吸系统有害的雾中臭氧量很高,会吸收有害的紫外线。大多数生物是在户外还是在森林植被下面,也会影响紫外线照射量。如果在能够反射光线的水体、沙滩或者积雪附近,最终还会加剧紫外线的照射强度。

与现实生活的联系

地球的大气层会吸收97%—99%的紫外线。然而,到达地面的少量紫外线也会对生物造成严重的影响。在大气层上部的被叫作臭氧的氧分子负责吸收太阳射出的有害紫外线。可是,在20世纪70年代中期,科学家发现保护地球的臭氧层正在变薄。在1985年,南极洲上空的臭氧层出现一个大洞。经常被用在喷雾罐里和用作空调制冷剂的含氯氟烃造成了臭氧的损耗。在20世纪80年代后期,大多数国家禁止使用含氯氟烃,但是对臭氧层的破坏还在继续。

由于臭氧层遭到破坏,所以到达地面的紫外线比以前更多了。接近南极臭氧洞的南半球地区问题很严重,比如澳大利亚和新西兰。紫外线的增加导致患皮肤癌的案例逐年上升,包括基底细胞癌和鳞状细胞癌,同时也使患白内障的人数逐年上升。除了对人类的影响外，紫外线的增加也对海洋生态系统造成影响，因为海洋食物网中最基本的是浮游生物，而这些浮游生物对紫外线非常敏感，紫外线的照射会使它们数量减少。许多植物也受到紫外线的伤害，特别是与以氮为营养的蓝藻菌等庄稼，因为蓝藻菌对紫外线也非常的敏感，如果没有蓝藻菌，庄稼也会受到损害。

想要了解更多吗？

参见附录中"我们的发现"。

实验 8　影响云形成的变量

题　目

云室能够帮助测定影响云的形成的变量。

简　介

云是由什么构成的呢？孩子们认为云看起来是由相似的棉花球组成的。然而事实上，云是暖空气冷却时由凝结的水滴和冰晶组成的。当温暖、潮湿的空气遇到较冷的空气时，会上升。冷却使水蒸气凝结到被叫作凝结核的小灰尘微粒上面。这些悬浮在天空中的水滴便形成了云。

云呈现出不同的形状和大小，它们能快速地形成，也能快速地蒸发和消失。云的形状最终是由大气中的温度和气压决定的。当云变得太大，不能再承载自身所具有的水蒸气时，水就会从云降落到地面，形成降雨。在本实验中，你将自制一个制云室来确定影响云形成的变量。

实验时间

45 分钟

实验材料

- 大的带盖的玻璃广口瓶
- 量筒
- 200 毫升的烧杯
- 加热板
- 冰（3 或者 4 立方）
- 水
- 火柴
- 防热手套
- 实验记录笔记本

安全提示

使用加热板、玻璃器皿和火柴时要小心。请仔细阅读并遵守本书"实验前必读"中的"安全准则"。

实验步骤

1. 把 100 毫升的水倒入烧杯中，把烧杯放到加热板上加热，直到水沸腾。

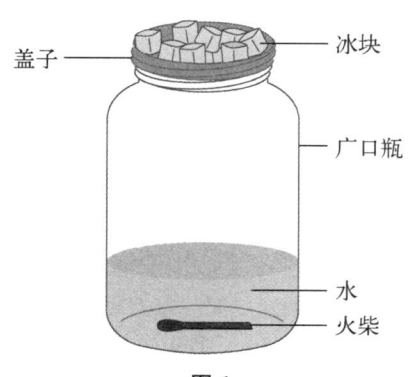

图 1

2. 用防热手套把烧杯从加热板上拿下来，打开广口瓶的盖子，把热水倒入广口瓶中。

3. 把广口瓶盖颠倒过来，形成一个浅底盘，把冰块放到里面（参见图 1）。

4. 点燃火柴，待燃烧几秒后吹灭，扔进装有热水的广口瓶中。

5. 把装有冰块的盖子放到广口瓶的瓶口上。

6. 在实验记录笔记本上记录你观察到

的现象。

7. 把广口瓶中的热水换成自来水,重复上面的实验步骤,并记录观察到的现象。

分　析

1. 画出并描述一下你制造出的云的样子。
2. 为什么要在倒置的盖子上放冰块?如果不放冰块会怎样?
3. 容器里的火柴有什么作用?
4. 哪一个实验效果明显,是使用热水的还是使用自来水的?你认为其中的原因是什么?
5. 为什么地球上大多数的云都是在海洋上形成的?
6. 温度的降低和气压的增加会形成云。设计一个云室,改变它的气压而不是温度就可以制造出云。

实验中将会发生什么?

因为温度和气压的改变,水会以三种形式存在,即固体、液体和气体。在低温和高压的状态下,水以固体冰的状态存在;在中间的状态下,水以液体的状态存在;在高温和低压的状态下,水变成蒸气。因此,暖空气比冷空气所包含的水蒸气更多。所以当暖空气遇到低温和高压时,里面的水蒸气就会凝结成液体的形式。然而,水在稀薄的空气中不能凝结,它必须凝结在某种物质上,比如说烟雾中的灰尘或者烟尘微粒,这就是云的形成。

由于地球表面受热不均,大气中有温暖、高压的空气,也有凉爽、低压的空气。刮风时,冷暖空气相碰,导致了云和天气系统的形成。这样的碰撞经常发生在海洋上空,因为海洋上空水体蒸发的速度快。当温暖、饱和的空气遇到冷锋后,凝结就会发生。此外,风把空气吹到不同的高度也会促使云的形成,例如,当空气被吹到山脉上方时,它与大气中较高的冷空气相遇,就会形成云。

与现实生活的联系

地球表面的地貌对陆地的天气类型有很大的影响。当冷风吹过湖水的表面时,能形成云,同时,降雨会出现在湖水的另一边。此外,当暖空气越过山脉或者高地势时,会形成云,同时会在风吹过的那一侧形成降雨。这一效应塑造了山脉周围地区的生态系统。

山脉上空的空气向上移动,引起风吹过的那一侧山脉地区出现降雨,这种降雨被称为迎风雨。例如,如果盛行风从西边吹过来,降雨会降落到山脉的西侧或者山脉的顶端,在山脉的另一边就会形成雨影效应。所以,山的一边可能会是沙漠,而另一边却是植被丛生(参见图2)。位于美国内华达山脉(Sierra Nevada)的东侧和南加利福尼亚州(Southern California)的太平洋海岸的这一区域是世界上最干旱的地方——死谷,就是雨影效应的典型例子。雨影效应形成云和山脉西侧的降雨,但是在山脉的东侧几乎就没有降雨。

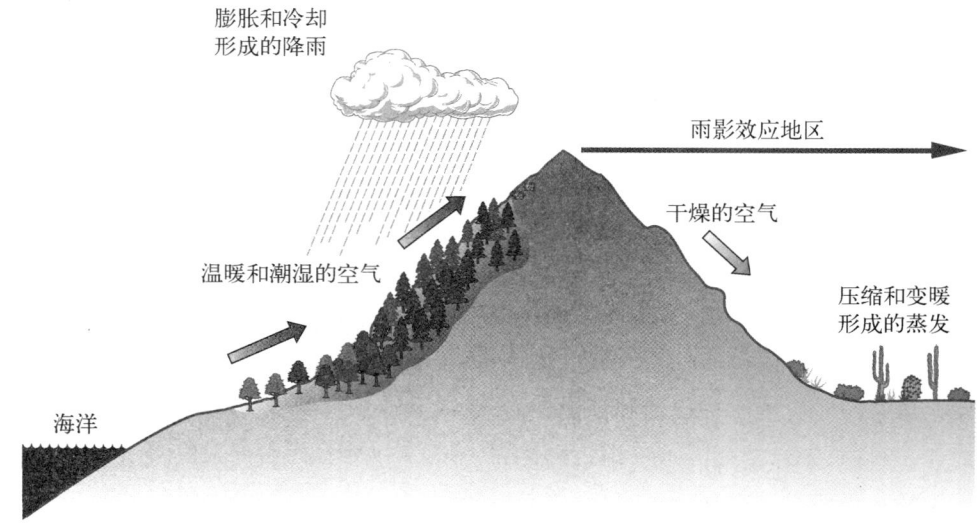

图 2

想要了解更多吗?

参见附录中"我们的发现"。

实验9 哪一种头发能制作出最准确的湿度计？

题 目

用某些种类的头发制作的湿度计比用其他种类的更准确。

简 介

你是否在非常炎热而且刚下过雨的时候去过室外，这时的空气看起来浓厚，你所感觉到的空气的厚度就是湿度。湿度读数可以描述出空气中所含的水蒸气的量。暖空气比冷空气可承载更多的水蒸气，因为暖空气分子分布较远，因而有更多的空间容纳水蒸气。通过测量空气湿度来预测天气类型和降雨的几率是气象学的重要组成部分。

湿度可以用湿度计进行测量。最早的湿度计是由人类的头发制成的，因为测量结果很准确，所以直到20世纪60年代人们才发明了电子湿度计。在本实验中，你将通过检测湿度计中的不同种类的头发来确定哪一种是最准确的。

实验时间

第一天：60分钟
接下来的24小时期间：15分钟

实验材料

- 3 股没被处理过的长头发(20—25 厘米)
- 3 股烫过的长头发(20—25 厘米)
- 3 股染过的长头发(20—25 厘米)
- 3 张平的泡沫塑料或者瓦楞纸板(10 厘米×25 厘米)
- 3 个图钉
- 3 枚 1 角硬币
- 3 块从牛奶包装上剪下的平的塑料(8 厘米×10 厘米)
- 胶带
- 剪刀
- 尺子
- 电吹风
- 浓度是 20％的外用酒精溶液(1 份酒精兑 4 份水)
- 3 个棉球
- 带盖的塑料容器(能够容纳 3 个湿度计)
- 2 块海绵
- 温水
- 电子湿度计或者当地的天气预报
- 实验记录笔记本

安全提示

请仔细阅读并遵守本书"实验前必读"中的"安全准则"。

实验步骤

1. 在本实验中,你要做 3 个湿度计。每一个湿度计都要用同一种头发。用棉花球蘸上浓度是 20％的外用酒精溶液擦拭所有的头发,然后把它们晾干。保证所有的头发长度相同。

2. 回答分析中的问题1。

3. 首先,准备温度计底座:

① 泡沫塑料或者瓦楞纸板用来制作底座,把它们纵向放着。如果材料太薄立不住,你可能需要把两张泡沫塑料粘到一起。

② 在底座顶端的位置剪两个切口,切口相距0.6厘米(参见图2)。

③ 制作另两个底座时,重复以上步骤,注意每个底座的切口都在相同的位置上。

4. 给每个湿度计都做一个指示器:

① 切下一块薄塑料(像牛奶包装的塑料一样)做成一个等腰三角形,底部大约6厘米宽,10厘米长。

② 把硬币粘到接近三角形尖端的中部(见图1)。

③ 在三角形的一边剪两个切口,切口相距约0.6厘米。

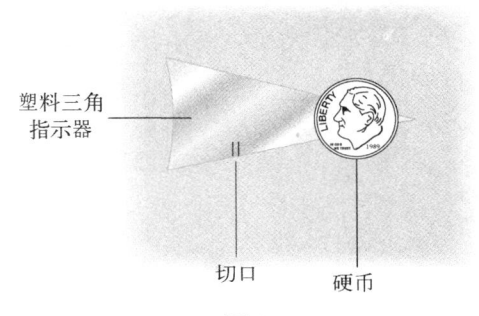

图 1

④ 制作另两个指示器时,重复以上步骤。保证所有的指示器都有同样的尺寸和形状,并且切口和硬币都在相同的位置上。

5. 组装湿度计:

① 把3股同一种类的头发放到一起,轻轻地拉伸,形成一条直线。把头发穿过底座上部的两个切口。用胶带固定在适当的位置上。

② 安排指示器的位置,使切口位于三角形的底部。把头发的另一端穿过切口,用胶带固定在适当的位置上。

③ 把指示器放在底座上,保证头发是紧绷的。用图钉穿过三角形最宽的部分的中心,把指示器固定在底座上,图钉要水平排成一行(参见图2)。

④ 制作另两个湿度计时重复以上步骤,确保组装的步骤相同。

6. 校准湿度计:

① 把湿度计放到塑料容器中,用温水把两块海绵弄湿,放到容器的底部。盖上容器的盖子,让湿度计在里面停留30分钟(也可以把湿度计放到一个开着热水淋浴的密闭房间里)。给每一个湿度计的底座上标上指示器的位置。标记成"100%"。

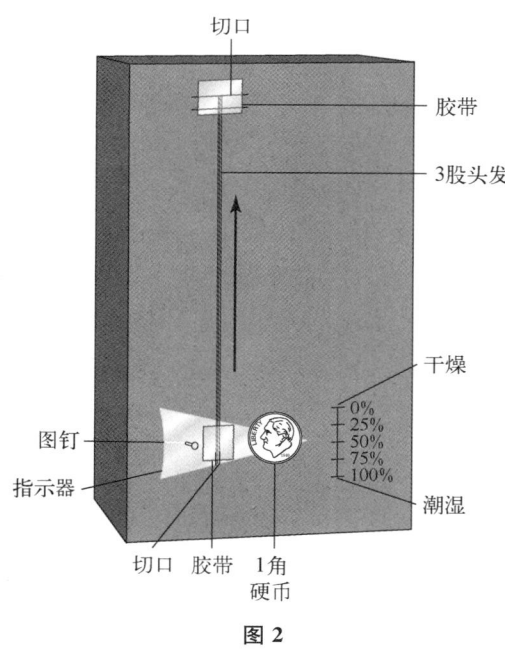

图 2

② 用电吹风吹每一个湿度计上的头发,时间为 3 分钟。给每一个湿度计的底座上标上指示器的位置。标记成"0%"。

③ 用尺子测量 0—100 之间的距离,在两者中间标记 50%,然后,标记出 25%(0—50 的中间)和 75%(50—100 中间)。如果有需要,还可以继续划分刻度。

7. 按照下列步骤进行一个测试:

① 把 3 个湿度计都放到相同的地区,让它们都处于相同的条件下。

② 读数之前,让湿度计至少停留 1 小时。在接下来的 24 小时内读出另外两个读数。

③ 每次读数时,把湿度计测量到的湿度与电子湿度计的读数或是当地的天气预报进行比较。

数 据 表

湿度计的类型	读数 1 时间:	读数 2 时间:	读数 3 时间:
未处理过的头发			
烫过的头发			
染过的头发			
电子度数			

分 析

1. 写出你的假设,你认为哪一种头发的湿度计是最准确的。对你的假设做出解释。

2. 湿度大时,头发为什么会有变化?

3. 在湿度增加的情况下,指示器怎样移动,你认为它为什么朝那个方向移动?

4. 你的测量结果与实际的湿度有何异同?

5. 哪一种头发能够制作出最准确的湿度计?你认为原因是什么?

6. 你的假设正确吗?如果不正确,请解释原因。

7. 你的湿度计的读数在一天中是怎样变化的?为什么会发生这种情况?

实验中将会发生什么?

一天中,由于天气状况的不同,空气中包含的水蒸气的含量也会有所改变。冷空气比较干燥,在白天,随着温度升高,湿度也会增加。湿度能预测降雨的发生。在降雨前,由于空气中有额外的水分,湿度会增加。降雨时,湿度是100%。

为了理解头发为什么可以被用来做湿度计,了解一些关于头发结构的知识是十分必要的。人类的头发是由死细胞组成的,角蛋白使这些死细胞更加结实,也可以使手指甲、鸟嘴和犀牛角变得更坚硬。角蛋白是由氨基酸组成,它们通过交错的键彼此相连,它们也被微弱的氢键连接到一起,这些氢键很容易被水分子破坏。当空气中有水蒸气时,头发吸收水分子,之后会变长。在100%湿度的情况下,头发的长度增加了2.5%,化学处理过的头发会比没有处理过的头发变得更长,因为角蛋白键之间存在更多的空隙,能吸收更多的水分子。

与现实生活的联系

在夏天,湿度会让人们感觉更热。因为空气中含有大量的水蒸气,这样从身体中蒸发的汗量就会减少。正常情况下,汗从皮肤表面蒸发会产生冷却效应,因为水必须从身体吸收热量才能变成蒸气。然而,空气中如果已经有很多的水蒸气,汗就不易蒸发,人们就会感到又热又潮。

为了解释湿度会引起温度的变化,气象学家使用了一种叫作热指数的计量法。热指数使用温度和相对湿度来测定阴凉地区有多热。当完全暴露在强烈的阳光下时,温度会更高。要在一个温暖的天气到室外活动,热指数是需要考虑的一个重要因素。如果没有汗的冷却效应,人们很容易感觉过热、脱水、体温过高,也就是中暑。

想要了解更多吗?

参见附录中"我们的发现"。

实验 10　距离是怎样影响太阳能吸收的？

题　目

距离光源远近会影响土壤吸收光能的量。

简　介

太阳是一个发热的恒星，是地球上所有生命所需能量的主要来源。尽管地球与太阳的距离是1.5亿千米，太阳的射线还是很强烈、很危险。对于地球上的居民来说，幸运的是大多数从太阳到达地球的阳光不是被大气吸收了，就是被反射到太空中，只有穿过大气层的少量的太阳光使地球表面变得温暖。

由于地球表面的构成、海拔和纬度的不同，地球不能够均衡地吸收太阳光。陆地比水体吸收的太阳能多，接近赤道的地区比接近南极和北极的地区吸收的太阳能多。此外，土壤的类型、土地上植被的数量以及地面的高度也会影响能量的吸收。在本实验中，你将设计一个实验来测出与光源的距离是怎样影响土壤吸收光能的量的。

实验时间

45分钟

实验材料

- 3 个泡沫聚苯乙烯杯
- 环架
- 环架夹
- 电子秤或三梁天平
- 勺子
- 加热灯
- 温度计
- 秒表或者是带秒针的钟表
- 米尺
- 1 袋土
- 水源
- 实验记录笔记本

安全提示

使用电子设备的时候要小心。请仔细阅读并遵守本书"实验前必读"中的"安全准则"。

实验步骤

1. 你的任务是设计并进行一个实验,找出距离光源远近与土壤吸收光能多少有怎样的关系。

2. 你可以使用教师提供的任何工具,但是没有必要每一种工具都用。

3. 在做实验前,确定好你要做什么。在本实验的数据表格中填写你要采取的步骤(你的实验过程)和你要用的材料(材料清单),然后把它们给你的教师看。如果你获得了教师的批准,请继续你的实验;如果没有,请修改后再拿给教师。

4. 一旦获得教师的批准,就可以收集你需要的材料并开始实验。

5. 在你自己设计的数据表格中记录结果。

分析

1. 除了你要检测的因素,为什么还要保持其他所有的因素是可控的或者是不变的?
2. 描述本实验中你所控制的变量。

数 据 表

实验过程	
材料清单	
教师的批准	

3. 哪一种土壤样本吸收了最多的能量,你是怎样测定这一点的?
4. 距离光源的远近是怎样影响土壤样本吸收光能的量的?
5. 请解释一下本实验为什么会得到这样的结果。
6. 描述一下本实验中得到的信息与地球上的不同温度有什么联系。

实验中将会发生什么?

太阳光是电磁射线,既具有电的特征,也具有磁的特性。太阳能不仅提供光源,也提供热量使地球表面变热,并且为光合作用这样的过程提供能量,光合作用会给在一个生态食物链的所有生物提供食物。尽管只有一小部分太阳光到达地球,但是太阳所提供的能量对于地球上的生命来说是不可或缺的。

地球的大气层阻碍了一些太阳能到达地球,当阳光遇到上层大气中的粒子时,不是被驱散,就是被吸收了。穿过上层大气的光叫作投射能,在它们向地球照射的过程中,可能会被空气中的分子衍射,所以阳光照射的路程越远,就越容易被衍射,因此当它到达地球表面的时候,所携带的能量就更少了,所以低海拔或者远离阳光直接照射的地区（例如极点地区），比有阳光直接照射的地区（例如高海拔或者赤道附近地区）接受的能量少。当阳光到达地球，或者被反射回宇宙，或者被吸收，然后以红外能的形式被释放出去（参见图1）。

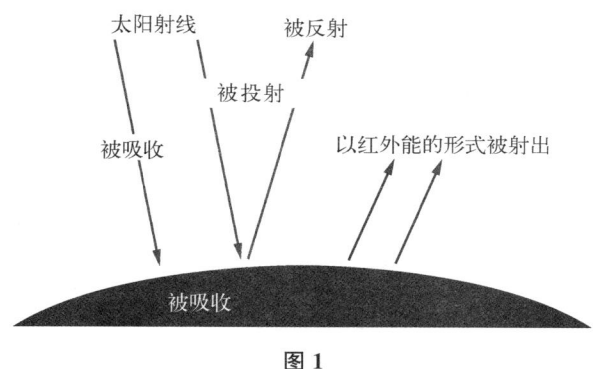

图 1

与现实生活的联系

阳光对于人类的健康非常重要。当阳光被皮肤吸收后，身体中会产生一种对人类十分重要的营养物质——维生素 D，它能够防止骨质疏松症、某些癌症、抑郁症和一些其他精神疾病。尽管可以通过饮食补充维生素 D，但是阳光的照射仍然是获得这种必要营养物质的最好的方法。

除了能产生维生素 D，阳光也能帮助很多生物形成昼夜节律，也包括人类。昼夜节律形成了每天生长、睡眠和白天活动的循环。人类大脑中的松果腺（参见图2）

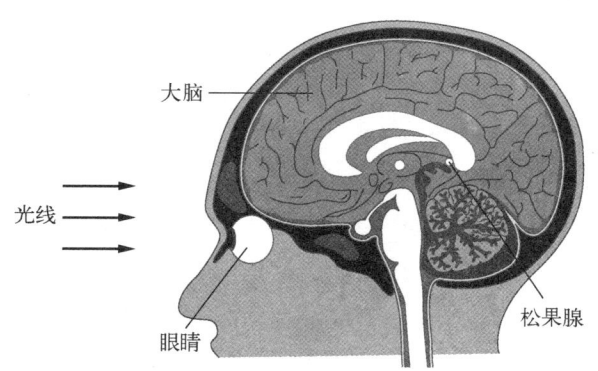

图 2

能够发觉太阳光,当阳光微弱的时候,松果腺能够释放一种促进睡眠的褪黑素。这就触发了生物钟,使人们在有阳光的时候能保持清醒,进行活动;在天黑的时候睡觉。在某些季节,住在南北极附近的人们受到的阳光照射有限,他们必须使用人造日光灯来调节昼夜节律和促进维生素 D 的产生。

想要了解更多吗?

参见附录中"我们的发现"。

实验 11　锋面碰撞

题 目

用两种不同温度的水可以展示气团的活动。

简 介

你是否曾经在一个温暖的早晨没有穿外套就离开了家,不久就因为突然降温而后悔了呢？这是因为此处有冷锋经过。冷锋能够以很快的速度移动,并在几个小时之内就改变一个地区的天气。暖锋移动的速度较慢,会带来温暖、潮湿的空气,同时也可能会带来连绵的降雨。当暖气团接近冷气团时,会产生暖锋,同样,当冷气团接近暖气团时,会产生冷锋。

锋面就是两个移动的气团之间的界面。一个气团是暖气团还是冷气团主要取决于它的来源地。来自冰雪覆盖的、极地地区的气团比来自热带地区的温暖、潮湿的气团更冷、更干燥,移动的速度也更快。因为大气中遍布着不同温度的气团,所以它们在运转中要不断地到达一个平衡点。在本实验中,你会观察到,用不同温度的水产生的锋面碰撞的行为。

实验时间

20 分钟

实验材料

- 透明的塑料容器(大约 10 厘米×33 厘米)
- 2 个大水罐(每个 1.1 升)
- 温水
- 冷水
- 红色的食用色素
- 蓝色的食用色素
- 勺子
- 铝箔
- 纸巾
- 铅笔或者钢笔
- 实验记录笔记本

安全提示

食物色素能使衣服永久地着色。请仔细阅读并遵守本书"实验前必读"中的"安全准则"。

实验步骤

1. 折叠铝箔纸,使它正好是塑料容器的宽度。把铝箔纸当作障碍物放到容器的中间,它把容器分隔成两部分,但是要保证它能够自由移动。

2. 用冷水填充一个大水罐,加入几滴蓝色食物色素,用勺子搅拌直到完全融合到一起(提示:不能加入太多的食物色素,防止颜色过深)。

3. 用温水填充第二个大水罐,加入几滴红色食物色素,均匀搅拌直到水的颜色变成浅红色。

4. 把红色的水倒入塑料容器的一侧,蓝色的水倒入另一侧。

5. 回答分析中的第 1 题。

6. 拿走两种水之间的铝箔,观察发生了什么,并记录在实验记录笔记本上。

分 析

1. 先假设一下当温暖的红色水和冷的蓝色水混合后会发生什么,说明原因。
2. 拿走铝箔后,发生了什么?
3. 你认为温暖的水和冷的水为什么会混合在一起?
4. 第1题中的假设正确吗?如果不正确,解释原因。
5. 这个实验与大气层中冷暖气团的混合有什么异同?
6. 当锋面碰撞时,会导致什么样的天气?

实验中将会发生什么?

因为温暖的空气分子具有更多的能量,所以在暖空气中,每个空气分子之间的距离要比冷空气中的空气分子距离更远,因此,暖空气密度不大,当冷暖气团混合时,暖气团会移动到冷气团的上面。当锋面碰撞时,通常一个气团比另一个气团更稳定,哪一层空气在锋面取决于哪一个气团正在靠近,哪一个气团正在后退。

当暖空气受到下面的冷空气的推力向上移动时,就会变冷,所以,暖空气中的水蒸气就会凝结,形成云,云可以在任何锋面的任何地方形成,但是哪一种锋面正在靠近会决定云的类型。当冷锋靠近时,较重的冷空气就在暖空气下面形成一个楔,由这个锋面形成的上升气流会形成积云,如果是一个较强的冷锋面,就可能产生积雨云,带来雷雨和大幅度的降温。图1给我们展示了当冷锋靠近

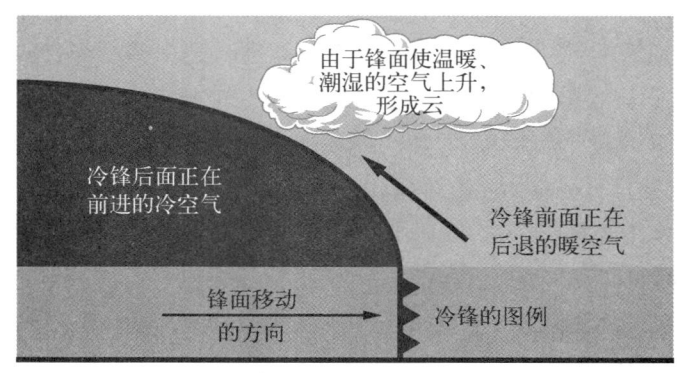

图1

时,将发生什么。当暖锋靠近时,暖空气缓慢地移动到冷空气的上面,这些分层的云可能会变成雨层云,产生降雨,就像图 2 里展示的那样。

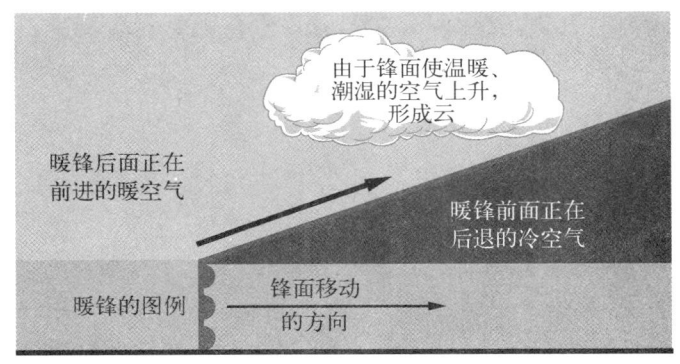

图 2

与现实生活的联系

有时,快速靠近的冷锋会产生雷雨和龙卷风。当冷的、干燥的空气向温暖的、潮湿的空气移动时,会产生龙卷风。如果冷锋快速移动,它与暖锋相撞后,会在地面附近产生水平的旋转效应(像真空吸尘器里正在旋转的刷子)。当暖空气被推到上方时,它会冷却凝结成高耸的积雨云,也叫作雷暴云砧。产生雷暴云砧的上升气流把水平旋转的空气团向上推,产生垂直旋转的空气团。

龙卷风通常呈现出漏斗的形状,有时候也是细绳子的形状。龙卷风十分猛烈,会引起大规模的破坏。龙卷风带来的风速会达到 60—260 千米/小时,在一些强暴风雨中,风速会超过 420 千米/每小时。如果龙卷风到达陆地,会使几英里范围内遭到破坏,一些非常大的龙卷风会引起将近 80 千米的大规模破坏。

想要了解更多吗?

参见附录中"我们的发现"。

实验12 龙卷风是怎样形成的？

题 目

龙卷风室可以用来展示龙卷风的特征和测定影响龙卷风形成的因素。

简 介

龙卷风是自然界中最猛烈的暴风雨之一。在美国,龙卷风每年都会引起大范围的破坏,致使数以百计的人死亡,并导致数十亿美元的损失。龙卷风也被叫作气旋或者旋风,它们具有旋转的、气旋的形状,并呈现出许多形状、颜色和尺寸,由于它们形成的大气条件不同,所以它们的强度也不同。

龙卷风的形成经常伴随着被叫作超级单体的强雷雨。这种雷雨具有一股非常强的上升气流,引起气团猛烈地旋转,也会引起雹块。超级单体有时能够产生风速超过483千米/小时的强龙卷风。当龙卷风着陆时,会使几英里范围内遭到破坏。龙卷风能把建筑物夷为平地,把大树连根拔起,把汽车带到几百码远。龙卷风的强度依据它的风速来划分,用藤田级数来表示,它的级数是从0—5,藤田级数为0的龙卷风的风速是64—116千米/小时,藤田级数为5的龙卷风的风速是420—512千米/小时。在本实验中,你将自制一个龙卷风室来观察龙卷风的特征。

实验时间

30 分钟

实验材料

- 2 个容积为 2 升的透明空瓶子
- 垫圈（直径为 2.5 厘米）
- 喉管胶布
- 水
- 食用色素
- 发光物
- 铅笔或者钢笔
- 实验记录笔记本

安全提示

食物色素能使衣服永久地着色。请仔细阅读并遵守本书"实验前必读"中的"安全准则"。

实验步骤

1. 去掉 2 个瓶子的盖子。

2. 往一个瓶子里装水，体积占瓶子的 2/3，再加入几滴食用色素和一些发光物（这代表残骸，使龙卷风更容易被看见）。

3. 把垫圈粘到那个装着水的瓶子上，保证垫圈上的洞是未封上的。

4. 把空塑料瓶子倒置在装着水的瓶子上。

5. 把两个瓶子紧紧地粘到一起。把喉管胶布在瓶颈处缠绕几圈，确保水不会漏出来。

6. 把这个装置颠倒过来,让装着水的瓶子在上面。
7. 手握瓶子,按圆形轨迹摇晃瓶子。
8. 观察龙卷风,如有需要可以重复多次,在实验记录笔记本上记录观察到的结果。

分 析

1. 描述一下形成的龙卷风的形态。
2. 描述一下形成的龙卷风的运动方式,当上面的瓶子里没有水时,发生了什么?
3. 为什么要摇晃瓶子才能制造出龙卷风,如果不摇晃瓶子,会发生什么?

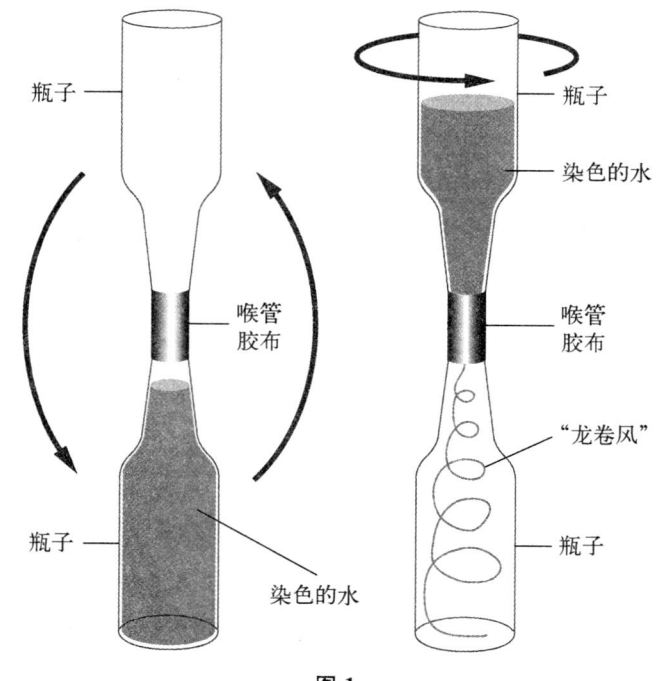

图1

4. 是什么使龙卷风按照实验中呈现的方式旋转?
5. 你实验中的龙卷风与自然界中真正的龙卷风有什么异同?
6. 为什么龙卷风带来的风要比只在一个方向移动的强风危害更大?

实验中将会发生什么?

当两个不同的锋面结合时,会产生风暴。如果存在很大的气压和温度的不同,一个锋面中较暖和的、也较轻的空气会推倒另一个锋面中较冷的空气,引起强烈的上升气流,有时,上升气流会引起水平旋转的中气旋。当雨降落到地面时,会把冷空气一起带下来,产生一个向下的力量,叫作后侧下降气流,这个强烈的向下气流也会使中气旋向下运动,引起一个螺旋的气旋,到达地面。起先,由于大气中温暖的、潮湿的空气凝结后产生更大的云,龙卷风的大小会增大,这被叫作成熟阶段,也是龙卷风的破坏力最大的时候。最后,龙卷风的旋转特性使后侧下降气流包围了龙卷风,阻碍了暖空气的进入,在这个时候,龙卷风逐渐减弱最后消失。有时,大的超级单体能够产生多重龙卷风,有的是在同一时间发生,有的是接连发生。

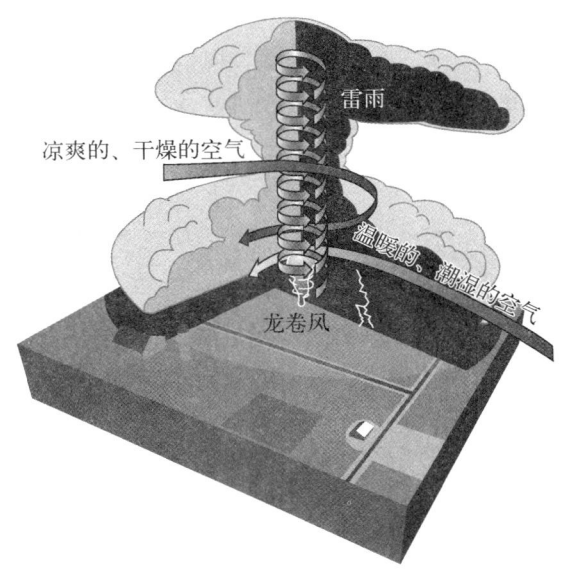

图 2

尽管所有的龙卷风都具有基本的特征,但是它们的形状、大小和外观会随着大气条件和所携带的残骸的不同而不同。一些龙卷风几乎是看不见的,还有一些是深黑色的。在水上形成的龙卷风会变成主要由海水组成的海上龙卷风。一个成熟的龙卷风可以是一个从一边到另一边的距离是几十厘米的狭窄的漏斗形

实验 12 龙卷风是怎样形成的?

状，也可能是一个底座是 2 千米宽的大的楔形状。龙卷风的破坏范围可以从几米到 161 千米。

与现实生活的联系

龙卷风是非常危险的，当龙卷风接近时，人们应该立即隐蔽起来，然而，龙卷风不易被发现。在 20 世纪 50 年代以前，只有真正看到龙卷风在陆地上时，人们才会发现龙卷风。随着在 20 世纪 60 年代早期雷达的应用，气象学家能够跟踪暴风雨系统，留意能够产生适合龙卷风的条件的任何地区，当有适合龙卷风形成的条件时，天气专家会发布一个"龙卷风警告"。即使在今天，如果没有亲眼见到，也很难发现龙卷风着陆。当发现气旋时，才可以发布"龙卷风警告"。

在 20 世纪 70 年代，美国国家气象局开始训练个人成为风暴检测员。这些人学会了识别超级单体的形成和检测超级单体中的中气旋的旋转。风暴检测员一般是当地的警员、消防员、州警察和一些公务员，在龙卷风预警期间，他们观察暴风雨，如果他们看到了气旋，就立即通知当地的专家。美国的大多数城市都有龙卷风警报器，在有龙卷风警告时，它们会启动，让所有人都隐蔽起来。

想要了解更多吗？

参见附录中"我们的发现"。

实验 13　温度和气压

题　目

一段时间内温度和气压的测量值可以用来分析这两个天气变量之间的关系。

简　介

地球的大气层是由许多不同的气团所组成的，它们移动、碰撞、相互作用，在地球周围形成了不同的天气系统。天气的类型和强度取决于大气层内的空气团的速度、温度、压力和湿度。尽管空气团的温度、压力、湿度和速度的不同主要是因为地球上不同的地区接收到的太阳辐射不均匀所致，但同时也受到许多其他因素的影响。

通过监测地球上各种空气团的环境和情形，气象学家能够预报天气形势。气压计是气象学家所用的最重要的工具之一。气压计被用来测量气压，它常常能很好地显示出未来的天气。气压与气团的许多其他因素有关，比如温度。在本实验中，你将记录一个地区5天内的温度和气压，并弄清楚这两个读数之间的相关性。

实验时间

第一天 20 分钟

每天 3 次,每次 5 分钟,共 5 天(包括第 1 天和第 5 天)。
第五天 20 分钟

实验材料

- 气压计
- 温度计
- 手电筒
- 钢笔或铅笔
- 方格纸
- 尺子
- 可以接触到户外的地区
- 实验记录笔记本

安全提示

请仔细阅读并遵守本书"实验前必读"中的"安全准则"。

实验步骤

1. 回答分析中的 1 和 2 题。
2. 把气压计和温度计放在外面很容易能取到的位置。
3. 读取气压计上的气压指数和温度计上的温度。第一天读取 3 次,然后把你的发现记录在数据表里。第一次读数应该是在早上,第二次应该在中午,第三次应该是在傍晚(如果需要的话,请借助手电筒)。注意:不同的仪器测量使用不同的单位,比如:℃(摄氏度)和℉(华氏度)表示温度,毫米水银柱(mmHg)和大气压(atm)表示压强。只要你坚持用统一的读数单位,那么你选择用哪一个来测量都可以。
4. 把步骤 3 重复 4 天,这样你的数据表里就有 15 个压力和温度的读数了。
5. 回答分析中的 3—7 题。

分 析

1. 陈述一个假设,预测你期待发现的气温与气压之间的关系,并证明你的假设是有道理的。

2. 司机常常在冬季给轮胎加气,以保持适中的胎压。你认为这是为什么呢?这一事实与你的实验有怎样的联系呢?

数 据 表

日 期	时 间	温 度	气 压
1			
2			
3			
4			
5			

3. 在方格纸上画一个点状图,比较一下温度和气压的读数。一定要给点状图和所有的坐标轴作标记。

4. 你注意到方格纸上呈现出怎样的趋向了吗?请解释。

5. 大气压与温度有怎样的关系？这与你在分析 1 当中的假设一致吗？
6. 除了温度还有其他什么因素有可能影响气压呢？请解释。
7. 气压是怎样被用来预测天气形势的呢？

实验中将会发生什么？

当空气被加热时，空气中的分子能量增加、运动加大，因此它们分散开来，空气变得比较稀薄。因为热空气比较稀薄，所以它攀升到冷空气之上。一般来说，热空气能使压强下降，除非这些热空气是在密闭的容器中。在密闭的容器中，快速运动的空气微粒与容器碰撞，增加了容器内的压力。然而，在户外，暖空气比冷空气的压强低。

地球表面的气压和温度与较高的大气层中的气压和温度不同。然而，这两个因素都会对发生在地面的天气情况产生影响。其他因素，包括风和湿度，也影响气压的大小。大气层中吹动空气上下运动的风能够形成一些高低气压区域，但这与地面的温度没有直接的关系。一般来说，在低气压区域形成的风暴都是因风而起的。湿气能使空气变得更加稠密，并且在相同的温度下潮湿的空气比干燥的空气气压高。

与现实生活的联系

当温暖的低气压空气与凉爽的高气压空气相遇时就形成了风，这是因为暖空气比冷空气稀薄，因此暖空气向上攀升。暖空气上升时会为冷空气留下足够的空间。当冷空气冲过来填补空缺时就形成了风。一般来说，风是在两个不同温度的空气团之间形成的。北美洲射流就是一个非常明显的例子。

这种射流是自东向西的一股气流，它蜿蜒流动，横穿北美洲（参见图1）。这种气流是由南方的暖空气团和北方的极冷空气团之间在温度和气压上的不同所形成的。冬季，由于南北方之间温度不同使得射流变得更强；夏季，射流则趋于平缓。气象学家们用射流预测各种各样的天气形势是怎样横穿全国的。另外，当商务航班向西飞行时，射流会大大减少其飞行的时间。

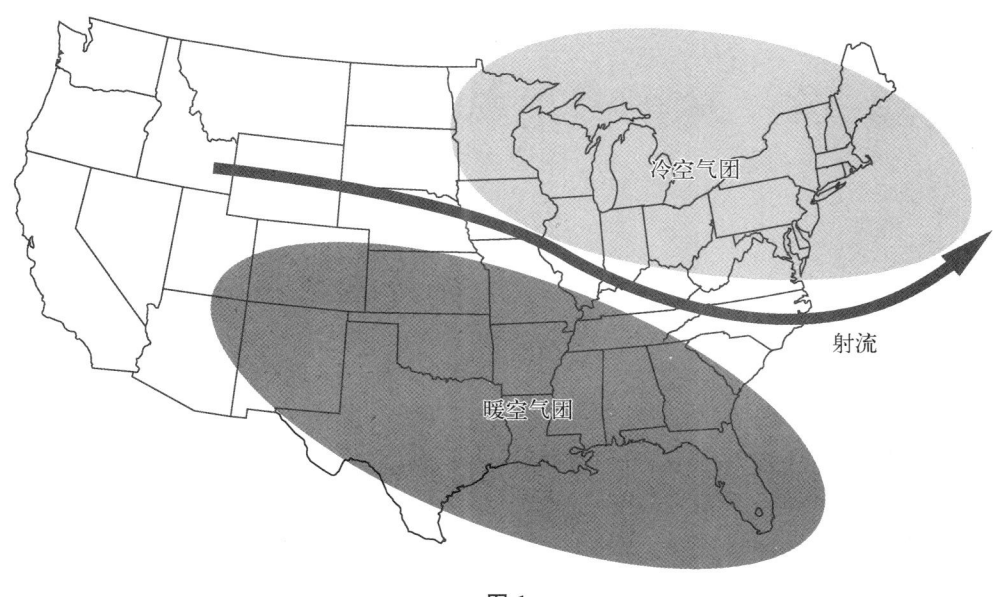

图 1

想要了解更多吗?

参见附录中"我们的发现"。

实验 13 温度和气压

实验14 地形是怎样影响洪水暴发的？

题 目

河道的宽窄和形状影响洪水的发生率。

简 介

  美国疾病控制与预防中心称，洪水暴发在美国是天气导致人死亡的第一杀手。洪水暴发指的是在短短的几个小时之内急速暴发的水流。一般来说，缓慢移动的雷暴，即在同一地区来回移动的暴风雨会导致强降雨或长时间降雨，而热带气候系统，比如飓风或热带风暴会导致大量的降雨。上述天气都会引起洪水暴发。急速的洪水可能是由地面水过于饱和引起的，包括以下3种情况：长时间降雨；大坝或堤岸溃决；倾泻由于河水或溪流堵塞而大量积聚的水。洪水暴发通常发生在降雨之后的六个小时之内。

  洪水暴发通常与急速移动的水流有关，因此非常危险。洪水可以推倒树木，移动巨石，带走小汽车，毁坏建筑物，还会将人们困在家里。洪水可以在短时间内毫无征兆地发生，因此洪水暴发十分危险。有些地区比其他地区更有可能暴发洪水，这与它们的海拔、土壤的类型以及可能引起洪水的河流或溪流周围的地形有关。在本实验中，你将比较不同形状、大小的水渠的溢流速度，从而得知地形是怎样影响洪水暴发的。

实验时间

30 分钟

实验材料

- 招贴纸板
- 胶带
- 铝箔
- 尺子
- 剪刀
- 雕塑土
- 大的塑料桶或盆
- 加仑罐
- 水
- 钢笔或铅笔
- 实验记录笔记本

安全提示

请仔细阅读并遵守本书"实验前必读"中的"安全准则"。

实验步骤

1. 用尺子、剪刀和招贴纸板制作 3 个不同"水渠"。每个水渠有一个底和两个完全相同的侧面。按照以下规格测量并且剪裁：

① 底：7.6 厘米×61 厘米

  两个侧面：2.5 厘米×61 厘米

② 底：7.6 厘米×61 厘米

两个侧面：7.6厘米×61厘米

　③ 底：7.6厘米×61厘米

　　两个侧面：12.7厘米×61厘米

2. 用胶带粘好3个水渠，以便它们的底能够放在桌子或者吧台上，边和底垂直（图1）。

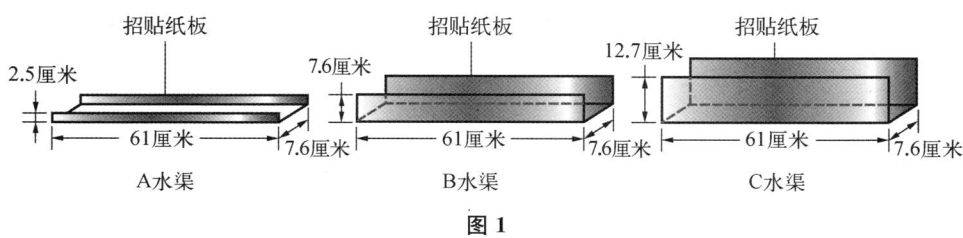

图1

3. 将铝箔盖在每个水渠的里面，防止水将纸板弄湿。

4. 回答分析中的1—3。

5. 用雕塑土将A水渠固定在大的塑料容器的底部。

6. 取来加仑罐，在其底部剪一个小洞以便空气流通。用雕塑土把洞塞住，然后将罐子装满水。

7. 让另一个学生手里拿着秒表站在一旁；这名学生将会在水刚刚流入水渠时开始计时，一直到水从水渠侧面（而不是水渠的另一个开口端）溢出为止。

8. 将加仑罐完全颠倒过来（不是以一个角度倾倒，因为这会影响水的流量）在水渠的中心，让水倾泻进水渠之中。

9. 在数据表上记录下A水渠溢水的时间。

10. 将B水渠和C水渠重复步骤5—9，在数据表上记录下所有的数据。

数 据 表

水　渠	溢水时间（秒）
A	
B	
C	

分　析

1. 列出至少 5 个可能引起一个地区洪水暴发的因素。
2. 你认为水渠的形状和大小会影响洪水暴发的可能性吗？为什么会？为什么不会？
3. 你所做的这 3 个水渠中你认为哪个会最先"发水"呢？请给出理由。
4. 在这个实验中，哪个水渠有最快的发水时间？哪个有最慢的发水时间？
5. 描述你所做的 3 个水渠的大小和形状是如何影响溢水速度的？
6. 假设有 3 条河流，它们与你做的 3 个水渠形状基本相同。假设同样大小的雨在相同的时间内落进每一个河道中，还有哪些其他因素会对洪水暴发率有影响呢？
7. 为什么能够估计出一个地区的洪水暴发的风险是十分有用的呢？

实验中将会发生什么？

　　影响一个地区洪水暴发风险的因素有以下几个：首先，也是最容易引起洪水的因素就是降雨量。河流或溪流必须在短时间内接收了大量的水才能满溢出来。海拔也影响洪水暴发率。因为水往低处流，所以海拔低的地区较海拔高的地区更容易发生洪水。地势低洼地区的河流和溪流更有可能满溢，因为它们能够接收到附近高地的径流。一条河流或溪流能够承载多少水取决于这条河流周围的地形、水流的速度以及土壤的类型。

　　其次，浅河道比深河道更容易发水是因为它们不能承载那么多的水。大量的水突然间进入河道中后将无路可走。同样，缓流河流比急流河流发水的速度更快，因为水不能快速地从河道中流走。除此之外，河床里面及周围的土壤的吸水性也可能影响洪水的发生率。有些类型的土壤比其他类型的土壤更容易吸水，石头和石板路面吸水最少。因此，如果一个地区的大部分地方都铺成了石板路面，那么它就不能吸收那么多的雨水，但是雨水不停地流进河流当中，河流就更有可能发水。

与现实生活的联系

　　强降雨会引起洪水暴发以及其他问题。想要理解为什么某一地区降雨量那么大,首先需要了解一点关于雨是怎样形成的知识。雨是由云里的水蒸气受冷凝结而成的。然而,降雨的形式通常取决于雨云形成的条件。雨按照产生的方式可划分为3种类型:对流雨、气旋雨和地形雨(见图2)。

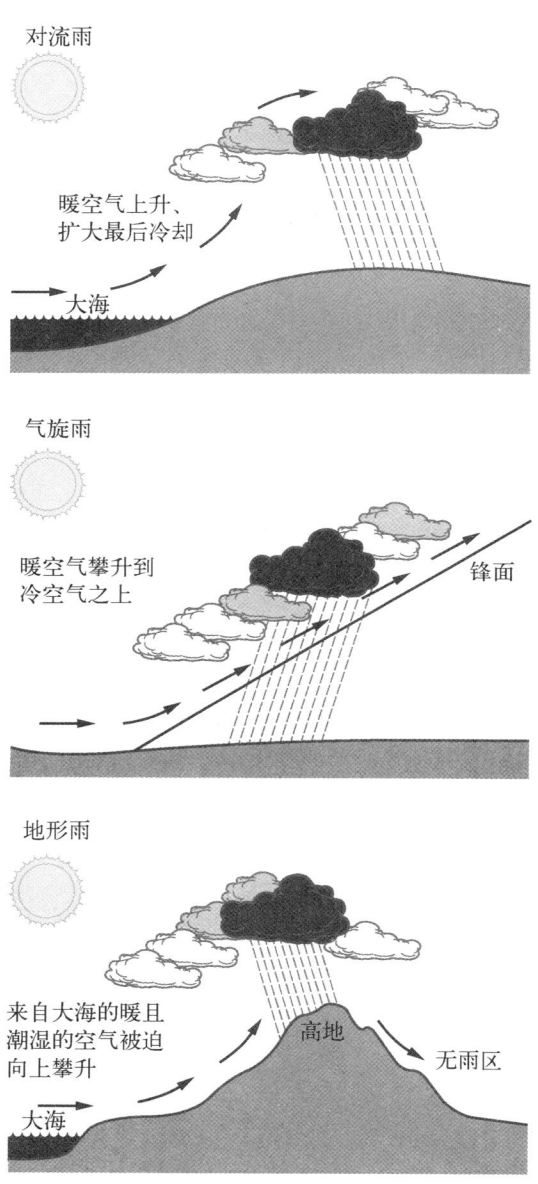

图2

对流雨一般在夏季、温暖的地区形成。过热的空气从地表升起时会迅速变冷,形成大块高耸的雷暴云砧。对流雨可能是强降雨,但是持续时间非常短。气旋雨是由锋面或气团碰撞产生的。当热空气遇到冷空气时,热空气攀升到密度大的冷空气之上,形成云。由于锋面碰撞,云常常是以旋转的方式形成的,呈气旋状,并且由此产生的强降雨会在一个地区上空徘徊几个小时甚至几天。最后,地形雨是由于一个地区的地形而形成的。当空气经过山脉上空时,被迫随着山体向上攀升,于是开始凝结成云。这些云可能引起某些地区季节性的或者一整年的持续降雨,但是山脉另一边的那些地区则会持续干旱。洪水暴发最有可能是由气旋雨引起的,但也可能是由对流雨导致的。由于地形雨有持续降雨的特征,那些经常下这种雨的地区已经适应了这样的降雨量,因此很少发洪水。

想要了解更多吗?

参见附录中"我们的发现"。

实验 15　天气预报到底有多准？

题 目

气象学家预报天气的准确度各有不同。

简 介

你怎么知道在你走出家门之前是应该带雨伞还是应该穿上厚外套呢？最好的办法就是去查看天气预报。为了预报天气而研究大气层内部结构和形态的科学家们被称为气象学家。

人类自文明初始以来一直设法根据云、风势和占星术来预测天气。当今的气象学家利用科学工具可以预报长期和短期的天气状况。这些工具包括能测量当前天气情况的气象气球以及分析气象环境和预报未来天气情况的模拟计算机程序。尽管现代技术的发展使得天气预报有了长足的进步，但是它仍然不是一门精密的科学。在本实验中，你将首先得到不同的气象学家对天气的预测，然后测量实际的天气情况，最后比较一下这些气象学家对天气预测的准确性。

实验时间

第一天：30 分钟

以后 4 天：每天 2 次，每次 10 分钟

实验材料

- 户外温度计
- 雨量计
- 当地5天的天气预报（来自3个不同渠道的气象学家）
- 钢笔或铅笔
- 实验记录笔记本

安全提示

请仔细阅读并遵守本书"实验前必读"中的"安全准则"。

实验步骤

1. 从3位气象学家处获取5天的详细天气预报，在这5天里你也将开始观察天气。在通常情况下，详细的天气预报（每天都会固定播报几次）只能提前1—2天获得，因此在这5天里你可能必须多次通过电视或网络获取信息。一定要确保在你对天气进行测量之前获取到天气预报。

2. 把温度计和雨量计放在户外不能被干扰到的地方。

3. 每天选择特定的2次时段读取温度和降雨量数据。

4. 在数据表1中记录这两次特定时段的天气预报，一定要包括温度、降雨的可能性、云量和对天气的评论。

5. 在这两次特定的时段到外面去查看天气：

① 读取温度计上的数据。把它记录在数据表2中。

② 查看雨量计中是否有降雨。把它记录在数据表2中。每次读取完以后清空雨量计。

③ 观察云量和天空情况。把乌云、雾、大风和任何其他的情况都记下来。把这些信息都记录在数据表2中。

④ 记录下任何其他与本观察相关的信息。

6. 连续 5 天，每天重复两次步骤 4、5。

分　析

1. 找到每一个预报温度和你的实际温度读数的差值的绝对值。例如，如果预报的温度是 18℃，实际的测量温度是 17℃，那么差值就是 1。在数据表 3 中把每一个读数的绝对差值记录下来。

数 据 表 1

天气预报 1	气象学家				
	第1天	第2天	第3天	第4天	第5天
时间					
温度					
降雨量					
天空状况					
其他评论					
天气预报 2	气象学家				
	第1天	第2天	第3天	第4天	第5天
时间					
温度					
降雨量					
天空状况					
其他评论					
天气预报 3	气象学家				
	第1天	第2天	第3天	第4天	第5天
时间					
温度					
降雨量					
天空状况					
其他评论					

数 据 表 2

	第1天	第2天	第3天	第4天	第5天
时间					
温度					
降雨量					
天空状况					
其他评论					

2. 把数据表3中每一行的数字加起来然后除以10，得出温度的平均差。

3. 哪一个气象学家预测温度最准确？

4. 观察其他方面的预测，例如雨、云量以及你在评论中记录的其他因素。这些方面哪一个气象学家预测得最准确？

5. 你觉得气象学家为什么对同一个区域可能会给出不同的天气预报？

6. 气象学家们怎样提供天气预报？他们使用什么工具？

7. 人们可能完美地预报未来的天气吗？为什么能，为什么不能？

数 据 表 3

	第1天	第2天	第3天	第4天	第5天	
时　间						平均值
气象学家1；差值						
气象学家2；差值						
气象学家3；差值						

实验中将会发生什么？

正式的天气预报开始于19世纪。那时，预报主要是以气压、天空状况和现时的天气情况为基础来进行的。这些因素在当今仍然很重要，但是现代的气象学家们将数据输入到计算机预报模型里，而计算机预报模型用数学方程式预测未来的天气。预报模型利用从气象气球、卫星图像以及地表面监测得到的数据，例如温度、湿度、压力，开始计算预报情况。数学方程式不仅将现时天气数据包含其中，而且还能解释某些历史天气事件发生的概率。

即使气象学家们已经研发了复杂的技术设备来测量地球以及宇宙空间的大气状况，并且还能够使用计算机预报模型，但预报仍然不能总是那么准确。计算机预报模型在一定程度上解释了天气混乱的实质，但是它们还不能确切地分辨出当空气团在大气层中碰撞时会发生什么；它们仅仅能够预测什么情况最有可能发生。因为气象学家有非常精密的数据收集工具和准确的数据输入，所以他们可能比其他一些气象爱好者预测天气更准确，但是有一部分预报仅仅取决于运气。

与现实生活的联系

当你听到暴风雨即将到来的消息的时候，你最有可能去看天气雷达图像，正如图1所示。你在电视上看到的有关即将到来的暴风雨的影像大部分都是由多普勒雷达绘制。多普勒效应是以奥地利物理学家克里斯琴·多普勒（1803—1853）的名字命名的，它指的是因声源和观察者位置的变化而发生的声波波长和频度的变化。多普勒雷达使用一根天线所发射出的声波来工作，这些声波在遇到灰尘微粒或者雨滴时会反弹，最后返回到天线原处。多普勒雷达利用返回的声波

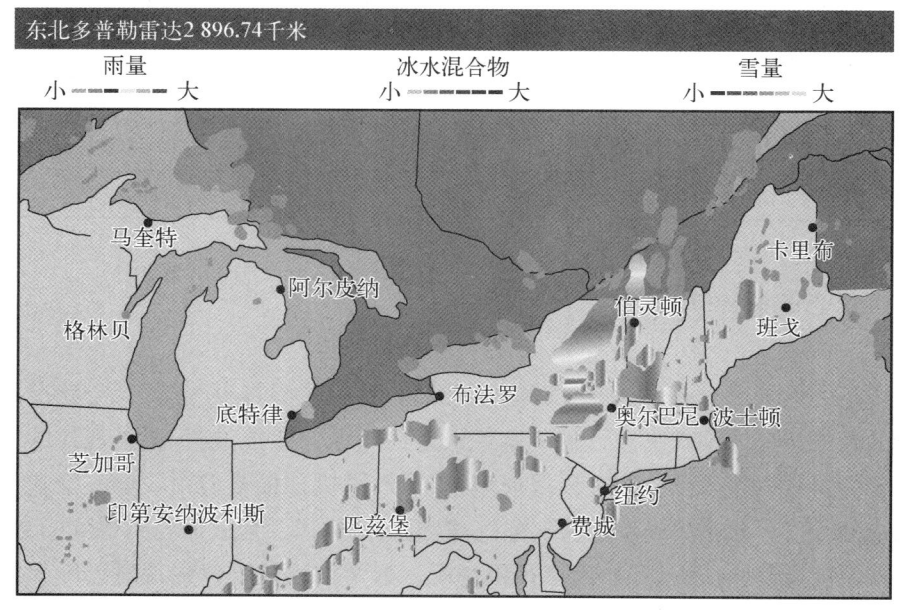

图1

波长和频度来创建影像，显示出云量、雨量以及它们所在的位置。美国国家气象局于20世纪80年代和90年代初在全美安装了多普勒雷达系统。现如今，许多电视台都拥有属于自己的多普勒雷达系统。气象学家使用多普勒雷达追踪当地的天气系统以及那些目前正出现在其他国家而在未来可能会给本国制造恶劣天气的天气系统。这一类型的雷达系统有助于我们理解目前正在发生的天气状况，而且还能够帮助气象学家预测未来的几个小时或者几天的天气情况。

想要了解更多吗？

参见附录中"我们的发现"。

实验 16　一夜之间能产生多少露水？

题 目

地表 1 平方米所产生的露水的量与空气的湿度和温度有关。

简 介

你曾经经历过这样的事吗？把一样东西放在外面一夜，结果第二天早上发现是湿的。这样东西上面的水很可能是空气中的水蒸气冷凝产生的露水。露水的形成与装有冰水的烧杯外壁上的冷凝水珠相似(参见图1)。

白天由于太阳照射,地球上的水变成了水蒸气。太阳下山后,地球表面开始冷却。逐渐冷却的地表面使水蒸气从气体变回液体。露水的多少取决于空气的湿度或空气中水蒸气以及夜间的温度变化。在实验室里,你将会设计一个实验,通过几天对露水形成的观察证明露水与湿度之间的关系。

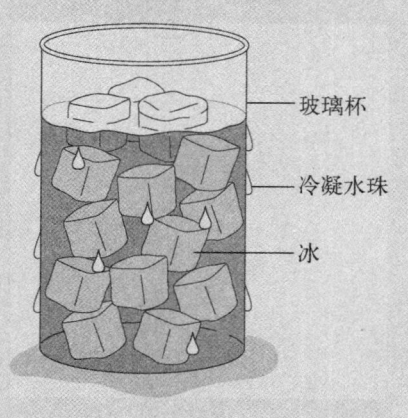

图 1

实验时间

每天 30 分钟,共 5 天(时间可以依据学生实验进行调整)。

实验材料

- 毛织物(1 米×1 米)
- 4 个钉子(至少 7.6 厘米长)
- 米尺
- 三梁式天平或电子秤
- 温度计
- 湿度计
- 量筒
- 方格纸
- 户外场所
- 实验记录笔记本

安全提示

使用钉子以及在水边使用电器时请小心谨慎。请仔细阅读并遵守本书"实验前必读"中的"安全准则"。

实验步骤

1. 你的工作是设计并且做一个实验,找出露水的量与白天的湿度以及夜晚的温度变化有着怎样的联系。
2. 你可以使用教师给你提供的实验材料,但不必都用上。
3. 做实验之前,要准确判断你要做什么。在数据表 1 中写下你计划采取的步骤(即你的实验过程)以及你计划使用的实验材料(即材料清单)。将这些交给

实验 16 一夜之间能产生多少露水?

你的教师看。如果得到了教师的批准,请继续你的实验。如果没有得到教师的批准,请修改你的实验,然后再拿给你的教师看。

4. 只要得到了教师的批准,就可以收集所需要的实验材料并开始你的实验步骤。

5. 将你的实验结果记录在你自己设计的数据表里。

数 据 表 1

实验步骤	
材料清单	
教师的批准	

分 析

1. 画一个曲线图,说明温度变化(白天温度和夜晚温度)与露水的量之间的关系。一定要在曲线图上标出数据。

2. 再画一个曲线图,说明白天的湿度和露水的量之间的关系。在曲线图上标出数据。

3. 两个曲线图比较起来怎么样呢?它们看来是相似还是不同呢?请解释。

4. 露水与温度变化之间有关系吗?请解释。

5. 露水与湿度之间有关系吗?请解释。

6. 晴天的夜里比阴天的夜里露水多。你知道这是为什么吗?

7. 露水出现在植物上、汽车上以及其他物体上,但通常不会出现在土壤上。请解释为什么会这样。

实验中将会发生什么?

水分子的运动取决于其中的能量。水被加热时,水分子获得能量,加速运动,而且常常是以气体状态存在。同样,如果热量从水中释放出来,水分子会减速运动,并且以一种更浓缩的形态存在,例如液体或固体。所以当暖空气失去热量时,水分子会冷凝成露水,如果天气使水足够冷的话,就成了霜冻。冷凝的发生需要两个必要的条件:(1)空气中必须有水分;(2)温度降到足以使水分子运动速度减小并浓缩。如果空气中没有足够的水滴,露水不会形成。露水形成的温度被称为露点。

露点,也叫饱和点,是空气饱含水蒸气时的温度。任何地方的露点都取决于当时的相对湿度和温度。例如,如果相对湿度非常高,露点就接近当前温度的读数。然而,如果湿度低,温度一定会再下降一些才能达到饱和状态,这种情况下露点要比当前温度低得多。露点不仅仅是露珠冷凝的重要因素,而且还暗示着云形成的温度。

在温暖天气里,露点影响着你的感觉。如果露点是 50°或更低,空气干燥且舒适。露点升高时,你就会觉得空气潮湿且不舒服。数据表 2 说明了露点与感觉之间的关系。此数据表用华氏温度表示露点。

与现实生活的联系

清晨来临,当温度没有达到露点时,有时候你也可能会看到植物的叶子上有水滴。实际上,植物上的水滴不总是由于露水引起的。有时植物通过吐水的方式从叶子当中释放出水。植物的根压迫使水向上走,最后吐出水来。在夜里水蒸发得慢,通过叶子上的孔隙冒出来的水会一直保留到早上。

植物吐水与蒸腾作用有关,蒸腾作用就是水在植物内部运动的过程。水通过根进到植物里,再通过叶子蒸发掉。水从叶子向外蒸发就像吸管向外抽吸一样,把更多的水吸到植物的主茎上来。这个过程是在根压的辅助下完成的。根压是由于根部水的不断积累形成的,它会迫使水向上走。太阳下山时,水的蒸发减少了,蒸腾作用也相应地减少了。然而,蒸腾作用停止时植物并不一定会停止吐水。如果根压很大,过多的水分会通过叶子从植物中冒出来,此时的水滴与露水十分相似。

数 据 表 2

露 点 温 度 (°F)	舒 适 度
52 或更低	舒 适
53—56	稍稍明显舒适

续 表

露点温度（℉）	舒适度
57—59	很明显舒适
60—63	潮湿
64—69	不舒适
70+	极不舒适

想要了解更多吗？

参见附录中"我们的发现"。

实验 17　日落的颜色会随着天气情况而变化吗？

题　目

日落的颜色可能与当地的天气情况有关。

简　介

日落时分是一天当中最壮观的时刻之一。有时候，日落的颜色特别鲜艳，天空看起来好像被涂上了颜色。日落的颜色各有不同，从黄色、橙色到粉色、紫色和红色(参见图1)。随着太阳不断离我们远去，它散射光的方式也不同，因此我们会看到不同的颜色。

图1　日落

太阳不断下沉，看起来好像跌落到了低空中，最后从我们的视野中消失。实际上，太阳并没有向下移动。日落并不是因为太阳的移动而产生的；而是因为地球的自转而产生的。地球不停地逆时针转动，于是有些地方面朝太阳，而有些地方则背朝太阳。当地球自转而太阳不再在某一地区照射时就好像是在西边的天空中下沉一样。当太阳消失在地平线以下时，它会从云彩上反射出红橙色的光。日落时反射出的光的颜色取决于日落的位置以及这个地区的天气和大气的状况。在本实验中，你将会观察日落和天气情况数天，从而得知天气是怎样影响日落的颜色的。

实验时间

共 5 天，每天 30 分钟。

实验材料

- 温度计
- 气压计
- 湿度计
- 数码相机或一次成像照相机
- 观察日落的户外空间
- 气象学教科书，其中须包含不同类型的云彩的图片
- 实验记录笔记本

安全提示

请仔细阅读并遵守本书"实验前必读"中的"安全准则"。

实验步骤

1. 选择一个地点，观察日落 5 天（如果有可能的话，选择一个水面旁边的位置，这样太阳的倒影会让日落的颜色变得更鲜艳）。
2. 回答分析第 1 题。
3. 将温度计、气压计和湿度计放在你的观察地点上。如果你在公园或者其他公共场合观看日落，那么你必须在一次观察结束后拿走这些气象仪器，下一次观察之前再放好它们。
4. 在数据表中记录下温度、气压、相对湿度、天空中云的类型、云量的多少以及其他即时的天气情况。
5. 观察日落。当太阳接近地平线时，在数据表中记录下你看到的颜色。照一张照片以备之后用来分析和比较。继续观察直到天黑。
6. 在之后的 4 天中重复步骤 2—4，拍照片，并且在数据表上记录你的观察。
7. 完成以下的实验分析。

分析

1. 写一个假设，预测天气情况会怎样影响黄昏时日落的颜色。
2. 每一次日落都是什么时刻呈现出最具戏剧性的颜色？
3. 观察你每天拍下的日落的照片，描述这些颜色每天是怎样变化的。
4. 你所做的天气观测和日落的颜色之间有关系吗？请解释。
5. 你的实验结果和你在分析 1 中所做的假设一致吗？请解释为什么一致，为什么不一致？
6. 除了天气之外还有什么其他的条件可能影响日落的颜色？

实验中将会发生什么？

太阳的可见光被描述为白光。白光透过各种分子、水滴或者棱柱状物体时，会衍射或者分散成不同的颜色。白天，太阳在头顶，阳光仅仅透过几千米的大气照射过来。大气中的气体分子会吸收一部分太阳光。大部分波长较长的光会穿透气体分子照射出来,但是那些波长较短的,比如蓝光,会被反射回去。因此,晴天时天空是蓝色的,因为蓝色的光被反射到了天空中。

日落时,阳光穿过大气需要经历更长的一段距离。蓝光被反射数次,所以它是发散的而不是直接反射到看日落的人那里。因此,日落时占主导地位的颜色来自那些在可见光光谱末端的波长较长的光,比如红色、黄色和橙色(参见图2)。空气中有大量灰尘或污染时,天空的颜色偏红。多云的天空会在日落时产生几个对比色,因为光从云里反射出来,这是冷凝的水蒸气非常稠密的地区。

数 据 表

天数	气温	气压	湿度	云的类型	云量	其他天气情况	日落时出现的颜色	日落的描述
1								
2								
3								
4								
5								

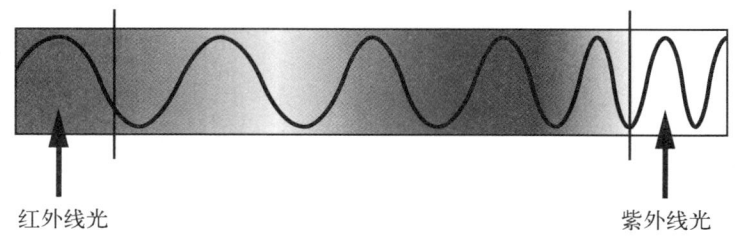

图2 可见光光谱

与现实生活的联系

在气象学家出现之前,人们主要通过观天象来预测天气。久而久之,水手、农民和其他依靠天气来生活的人变得十分擅长通过观察天空中云的类型和颜色来预测未来的天气。有关天气的知识经历了上百年的历史,演变成了押韵诗和谚语,至今仍然被人们传诵。其中一个押韵诗是这样的:晚上的红色天空,水手情有独钟;清晨的红色天空,为水手敲响警钟。这一描述在大多数天气系统对自西向东移动的北半球来说是十分精确的。

夕阳西下,红色的天空表明阳光从西边天空的尘粒中反射出来。灰尘弥漫的天空相对干燥,预示着下雨的可能性很小。日出时的红色天空表明干燥的天气系统已经过此处。另外,从西边移动过来的云和湿气会制造很多的反射,这会让天空的颜色变红。当然,即使有关天气知识的谚语可能大体上是准确的,但是它们不会总是那么完全准确,而且不能够提前1天或2天预测天气情况。

想要了解更多吗?

参见附录中"我们的发现"。

实验18 常规温度标尺

题 目

常规温度标尺是用来记录每天温度的波动。

简 介

温度计是我们日常生活中非常重要的仪器,它有以下几种功能。我们依靠温度计得知外面有多热;帮助我们让车的发动机保持良好的运作;调整家里的冷热空调系统;还可以在我们生病时检查我们是否发烧。不管怎么使用,所有温度计都能确定温度,即对热度的测量。摸起来很冷并且温度低的物体几乎没有热度,而摸起来很热并且温度高的物体拥有较高的热度。

温度测量有3个常见的标尺:摄氏(℃)、开氏(K)和华氏(℉)。这3个温度标尺都是根据这样的原理来设计的:液体以恒定的速度膨胀,但是它们的基准不同。摄氏标尺:水的冰点是0℃,沸点是100℃。开氏基本上与摄氏一样,但是基准点下降到了0K,即绝对零度(等于-273.15℃),也就是所有原子都停止运动的温度。华氏标尺:水的冰点是32℉,沸点是212℉。图1比较了这3个标尺的沸点与冰点。美国和其他一些国家使用华氏标尺,然而大多数其他国家使用摄氏标尺。世界各地的科学家们用摄氏和开氏测量温度。在本实验中,你将制作一个温度计,自己设计温度标尺,然后对比一下摄氏温度计与华氏温度计的读数。

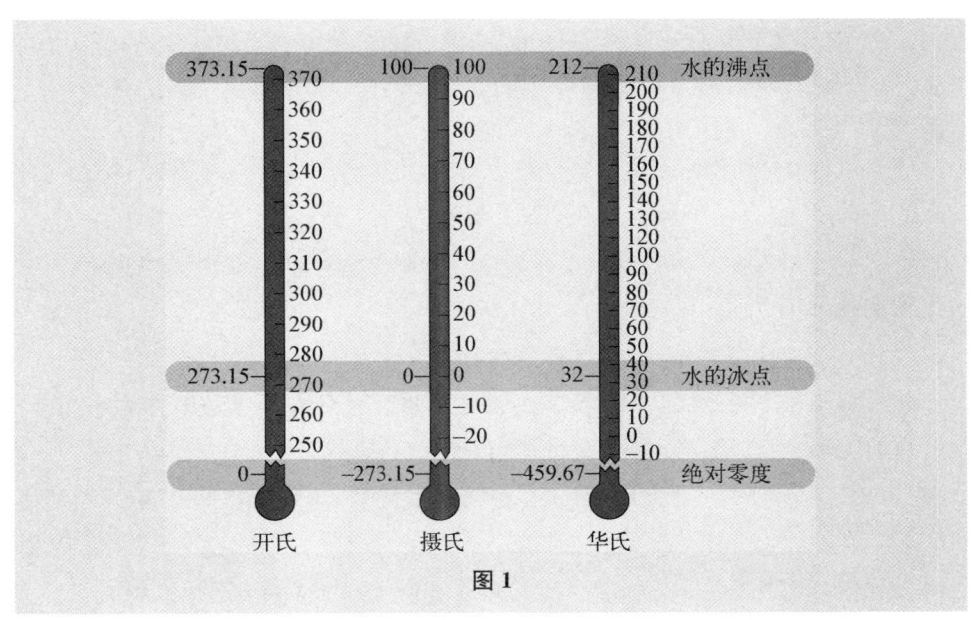

图 1

实验时间

60 分钟

实验材料

- 干净的窄颈塑料瓶
- 外用酒精
- 食物着色剂
- 雕塑土
- 尺子
- 干净的塑料吸管
- 2 个大的破碎机（1 000 毫升）
- 冰
- 水源
- 加热板

- 摄氏温度计
- 华氏温度计
- 标记笔
- 实验记录笔记本

安全提示

小心谨慎使用加热板,以免烧伤自己。在电源和电器附近小心用水。外用酒精是易燃物品,不应在加热板旁使用。请仔细阅读并遵守本书前面的"实验前必读"中的"安全准则"。

实验步骤

1. 将等量的外用酒精和自来水加到干净的塑料瓶里。往塑料瓶的液体里加几滴着色剂并充分搅匀。

2. 在塑料管的一端大约1/4处沿着干净塑料管头用尺子画上标记。所有标记之间应该是等分的距离;这就是你的常规温度标尺,标尺上每一个标记表示1度。

3. 把塑料管放到瓶里,将你做的第一个标记与液体顶部对齐。保证吸管不碰到瓶底。

4. 用雕塑土把吸管固定住。

5. 将你自制温度计上的温度记录在数据表的室温栏里。

6. 用摄氏和华氏温度计测量温度并且把这些度数记录在数据表里。

7. 把冰和水放进破碎机里,制成一盆冰水。再用加热板把另一个破碎机里的水加热,制成一盆热水。

8. 将你自制的温度计以及摄氏和华氏温度计都放在冰水里。

9. 10分钟后,将3个温度计上的温度都记录在数据表里。

10. 再将3个温度计放在热水里10分钟,然后将3个温度计上的温度都记录在数据表里。

分 析

1. 当温度上升时吸管里的液体会怎样呢?

数 据 表

温度计	冰水温度	室 温	热水温度
你的温度标尺			
摄 氏			
华 氏			

2. 你认为当温度变化时液体为什么会流动?
3. 温度计里为什么用自来水,而不用纯净水?
4. 你的温度标尺怎样与摄氏温度标尺和华氏温度标尺相比较呢?
5. 从华氏到摄氏的转换公式是 $°F=(9/5)°C+32$。你的温度读数与这个公式一致吗?
6. 根据你的温度计上的读数和摄氏温度计上的读数之间的不同,建立一个能使你的温度读数转换成摄氏度的转换公式。
7. 建立一个能使你的温度读数和华氏温度计上的读数之间的转换公式。

实验中将会发生什么?

18世纪初期,德国的物理学家加布里埃尔·华伦海特(Gabriel Fahrenheit,1686—1736)发明了第一个温度计。最初,他使用的是一根末端球部装满酒精的玻璃管。酒精被加热时,扩散的速度比水快,并且以可预见的速度在玻璃管内上升。后来,华伦海特通过对水银具有膨胀的特性的研究,发明了一个狭窄的圆柱体替代圆球水银温度计。华氏温度计就是以他的名字而命名的。在18世纪中期,瑞士的天文学家安德斯·摄尔修斯(Anders Celsius,1701—1744)发明了摄氏温度。他给温度计制定了基准,水的冰点是0℃,水的沸点是100℃。对测量温度感兴趣的人不仅是华伦海特和摄尔修斯两个人。从前有好几种不同的温度计,刻度表包括列氏(Reaumur)、罗默(Romer)、牛顿(Newton)、莱登(Leyden)、韦奇伍德(Wedgewood)、黑尔斯(Hales)、迪克雷(Ducrest)和爱丁堡(Edinburgh)。

18世纪,一个温度计上可能有4个不同的标尺。现在,除了3个基本温度标尺之外,其余的已经不再使用了。

自18世纪以来,许多类型的温度计被发明出来。许多医学和科学温度计还是使用填充水银和酒精的玻璃管来制作的,而其他类型的温度计是使用大量不同的物质,例如气体、液体结晶或电阻来制作的。为了方便读数,许多现代仪器能瞬间显示出温度读数。这些读数是通过集成电路片显示出来的。电路片事先被设定了温度基准,可以读并汇报温度。

与现实生活的联系

地球周围的大气层阻止了白昼与黑夜之间剧烈的温度差异。然而,地球周围的温度由于位置的不同有很大的差别。南极洲全年都是寒冷的,而赤道旁的城市从来没有低到过零度。一个地区的温度是由几种因素决定的,包括纬度、海拔、与海的距离以及一个地区的盛行风。

地球由于接收到太阳的能量而变得温暖。因为赤道接收到的太阳光比其他地区多,所以,靠近赤道的地区整年都比远离赤道的地区的温度高得多。另外,由于地球是倾斜着的,因此赤道和两极之间的地区会经历四个季节。当北半球倾斜靠近太阳比南半球近时就是夏季,当北半球倾斜远离太阳时就是冬季(图2)。南半球则正好相反。

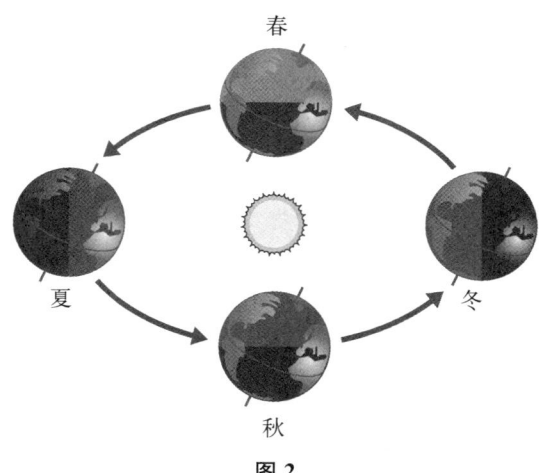

图2

一个地区的温度还与它的海拔度有关。山区比海拔较低的地方寒冷。这是因为太阳给地球表面带来温暖,相应地也给大气层带来了温暖。高海拔地区由于远离地球表面,温度就比较寒冷。另外,靠近海边的地方也比陆地中心凉爽得多。太阳温暖陆地的速度比温暖海水的速度快,所以内陆地区要比沿海地区暖和。温度还会受到盛行风的影响,盛行风是由温度和气压不同而产生的移动的气团。盛行风的温度取决于它是在哪里产生的。寒冷的盛行风能给北极的南部带来非常寒冷的天气,而产生在赤道附近的盛行风把温暖天气带到附近的温度带。

想要了解更多吗?

参见附录中"我们的发现"。

实验 19　对流盒

题　目

对流盒可以演示对流和逆温。

简　介

当你打开冰箱的时候,你会感觉到冷空气扑面而来。冰箱的冷气会朝着你的脚向下移动而不是朝天花板向上移动,这是因为冷空气比暖空气密度大。密度指的是某物质单位体积的质量。冰箱里的冷空气和大气层中的冷空气表现出来的特性是一样。

照射在地球上的阳光温暖了地球表面附近的空气。升温把能量转换到空气中使空气分子加速运动。由于运动,分子会撒播到各处,所以空气就变稀薄了。由于空气密度减少,暖空气变得有浮力,能漂浮或者能向上攀升。因此,暖空气在白天向上攀升,在夜里空气变冷又回落到地面(参见图1)。

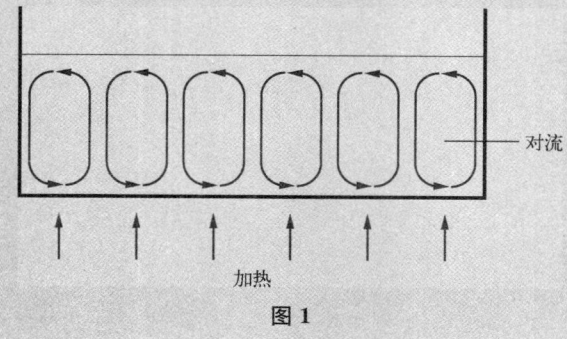

图1

空气升降循环变化就形成了对流,即由密度不同引起的气流。在某些情况下,空气的这种典型的运动会被逆温阻挡,即当暖空气移动到冷空气上方时困住冷空气的现象。在本实验中,你将了解到对流与逆温是怎么形成的。

实验时间

55 分钟

实验材料

- 大鞋盒
- 2 个硬纸管(例如手纸中间的纸壳管)
- 铝箔
- 胶带
- 胶水
- 剪刀
- 塑料袋
- 小蜡烛(例如茶蜡)
- 长火柴
- 2 张纸巾
- 2 个小塑料袋
- 4—6 个冰块
- 带灯泡的鹅颈管台灯(60 瓦或更多)
- 索引卡
- 实验记录笔记本

安全提示

使用火柴和蜡烛时请小心谨慎。请仔细阅读并遵守本书"实验前必读"中的"安全准则"。

实验步骤

1. 与同伴合作,将鞋盒盖拿走,放在一边。

2. 将鞋盒竖立起来。在朝上的那一面的两侧各挖一个洞。每一个洞应该能放下一个硬纸管。

3. 把硬纸管放进每一个洞里。用胶带把每一个硬纸管周围都密封好。每一根管子都相当于一根烟囱。

4. 用铝箔给鞋盒和烟囱加里衬。用胶带或胶水把铝箔固定。

5. 模拟对流的形成。按如下方法来做:

① 将一根小蜡烛放在盒子里的其中一根烟囱的正下方。确保蜡烛在管子下方至少 7.5 厘米处。

② 将透明塑料袋粘在鞋盒开口面,以便你能看到盒子里面。固定塑料袋时,一定要确保密封。

③ 点燃长火柴;然后小心地穿过蜡烛上方的烟囱点燃蜡烛。当心不要碰到鞋盒或硬纸管烟囱。把火柴移开、吹灭。

④ 让蜡烛燃烧大约五分钟使鞋盒内部升温。

⑤ 把纸巾紧紧地搓成团点燃。纸巾燃烧几秒钟后将其熄灭。

⑥ 在没有蜡烛的烟囱上方拿着冒烟的纸巾。观察烟的变化,把你观察到的情况记录在实验记录笔记本上。

6. 模拟逆温。按照如下方法来做:

① 在每一个小塑料袋里放两三块冰。不要把塑料袋装得太满;塑料袋一定要能放进烟囱里。

② 把蜡烛扑灭。

③ 把装有冰块的塑料袋通过每一个烟囱放下来。把它们放进鞋盒里。

④ 让鞋盒内部冷却几分钟。

⑤ 鞋盒冷却后,打开台灯把台灯放在其中一个烟囱的上方。停留大约 5 分钟。

⑥ 把纸巾紧紧地搓成团点燃。纸巾燃烧几秒钟后将其熄灭。

⑦ 把冒烟的纸巾丢进另一个烟囱里(没有台灯的那个烟囱)。用索引卡立刻盖上这个烟囱。观察烟的行为变化,把你观察到的情况记录在实验记录笔记本上。

⑧ 把索引卡从没有被加热的烟囱处挪开。观察烟的情况并记录下你的观察。

分 析

1. 什么是对流?
2. 什么是逆温?
3. 你认为为什么要在这个实验中使用冒烟的纸巾?
4. 在步骤 5 中烟会是什么样子的?
5. 在步骤 6 中烟会是什么样子的?

实验中将会发生什么?

对流是一种热量的转换,它是由液体和气体流动形成的。太阳光把地球表面空气加热。暖空气上升就形成了对流。在这个实验的步骤5中,烟被拉进盒子里。在盒内,烟气被加热,然后向上攀升并通过第二个烟囱冒出来。这个实验展示出了比两极接收到更多太阳能的赤道附近地带的空气是怎样运动的。赤道地区暖且稀薄的空气上升,朝着空气浓密且厚重的南北两极移动。这种运动会引起持续的对流,即大家所熟悉的对流细胞(参见图2)。

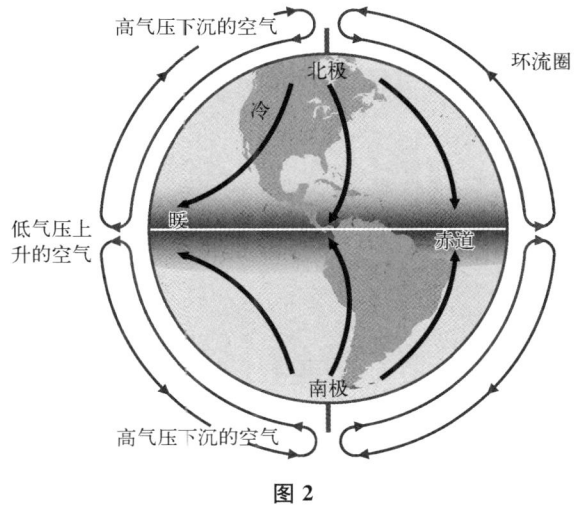

图 2

逆温指的是当暖空气移动到冷空气上方时困住冷空气的现象。在这个实验中,冰块用来冷却盒子里的空气。台灯提供热量,在冷却的空气顶端形成暖空气层。此时,正常的对流是不会发生的。

与现实生活的联系

一般说来,空气的温度会随着海拔的升高而降低。因此,空气会带着污染物和微粒上升到大气层里。这种典型的空气运动有助于驱散空气中的污染物,并保持地球表面空气相对清澈。

逆温是一种异常现象,它将空气污染困在地球表面,引起严重的问题。当冷空气在上升的暖空气下面周旋时形成了逆温。极其寒冷的空气包括海洋地区的冷风或沿着山坡向下移动的冷空气(参见图 3)。无论哪一种情况,暖空气都会像毛毯一样覆盖在冷空气上方,将冷空气困在地表。因为冷空气比暖空气稠密,这两层空气是不能混合在一起的。这种情况可以让空气在地表停留几天。如果被困住的冷空气在城市里,那么来自汽车、公司和家庭的空气污染物会迅速积聚。这些污染物会形成烟雾,即排放物和微粒的混合物,这些污染物会导致人眼睛发痒和呼吸系统问题。

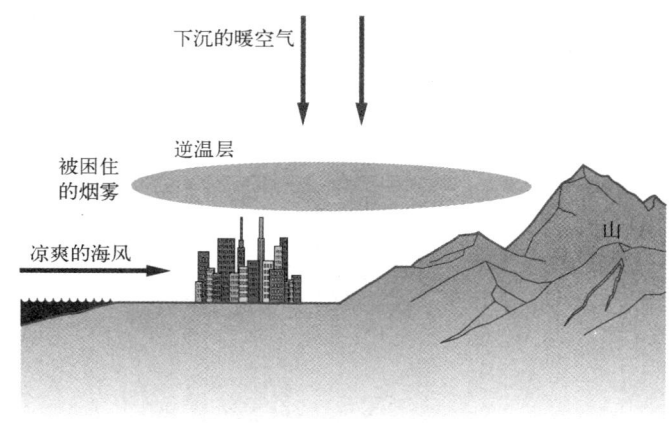

图 3

想要了解更多吗?

参见附录中"我们的发现"。

实验 20　日照强度

题　目

日照的强度影响一个地区接收到的太阳能量的多少。

简　介

你认为以下哪个地区拥有最凉爽的年平均气温：基多(Quito)，厄瓜多尔(Ecuador)位于赤道附近；达拉斯(Dallas)、得克萨斯州(Texas)位于美国西南部；诺姆(Nome)、阿拉斯加(Alaska)位于加拿大西部。你可能知道这个问题的答案。诺姆、阿拉斯加比其他两个位置要冷得多。影响诺姆气温的其中一个因素是太阳光照射在地球上的角度，这种特性被称为太阳辐射角度或者日照强度。

太阳直射的时候，其能量成90°角辐射地球。太阳可以真正直射到的地方位于赤道附近，北回归线与南回归线之间(参见图1)。然而，地球上所有的点都经历过太阳辐射角度比任何其他时候都大的时期。太阳的位置以及太阳光照射在地球上的角度对地表温度、天气和气候有影响。通过这个实验，你会得知日照的角度是如何影响照射在地球上的光能量强度的。

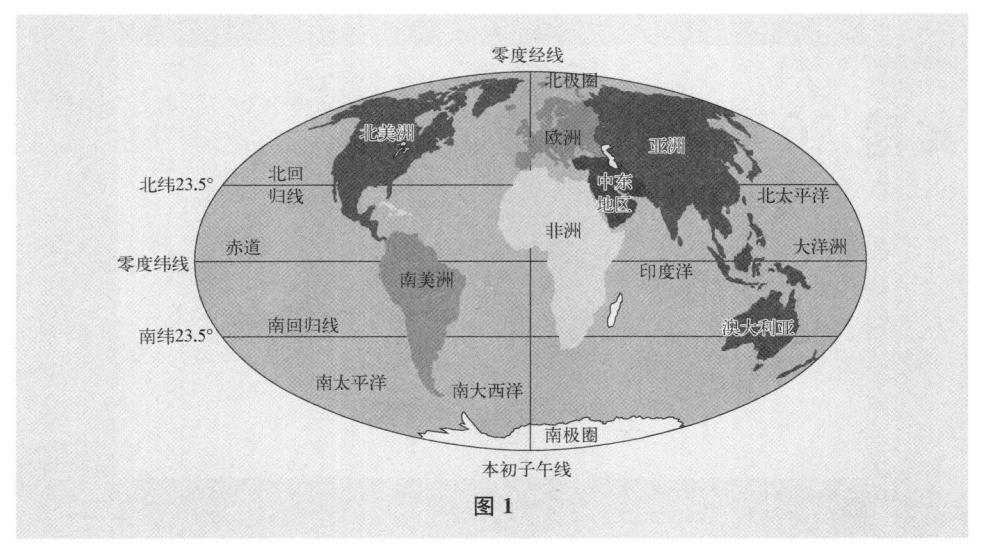

图 1

实验时间

55 分钟

实验材料

- 手电筒
- 方格纸
- 尺子
- 量角器
- 温度计
- 秒表
- 实验记录笔记本

安全提示

请仔细阅读并遵守本书"实验前必读"中的"安全准则"。

实验步骤

1. 在方格纸上划分出 3 份。标注为 A 部分、B 部分和 C 部分。
2. 把这张方格纸放在桌面上。把量角器放在方格纸的 A 部分。
3. 和你的搭档配合完成,将尺子垂直放在纸上,并与量角器的底边成 90°角(见图 2)。

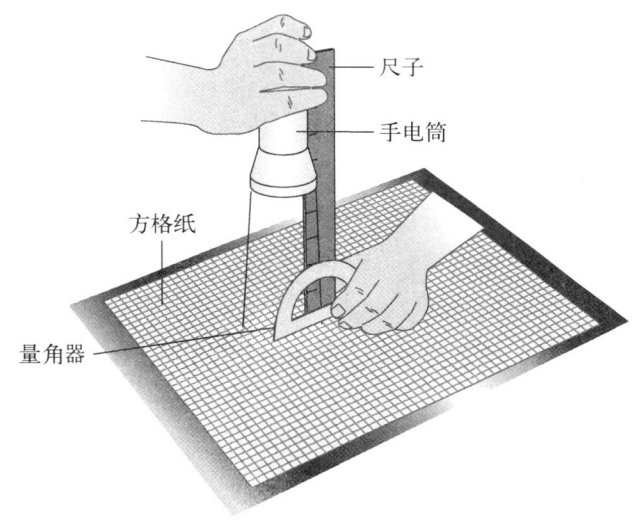

图 2

4. 打开手电筒,使其保持在与量角器底边成 90°角的位置上,这样手电筒的光便可以直射在纸上。
5. 用铅笔勾画出照射在纸上的光柱。(如果光柱有强光区和弱光区,勾画出强光区即可。)
6. 将温度计测温包放在照射在纸上的光柱的中心位置上,保持 3 分钟时间。读出温度并且记录在数据表的恰当位置上。
7. 把手电筒、尺子和量角器放在一边。数一数光柱轮廓内有多少个方格,并记录在数据表上。
8. 在方格纸的 B 部分上重复步骤 2—7,但是将尺子和手电筒放在与量角器底边成 66°角的位置上。
9. 在方格纸的 C 部分上重复步骤 2—7,但是将尺子和手电筒放在与量角器底边成 33°角的位置上。

数 据 表

手电筒的位置	温　　度	覆盖的方格数
90°角		
66°角		
33°角		

分　析

1. 成多少度角时，90°、66°还是 33°，方格纸上的光柱最小并且最强？
2. 成多少度角时，方格纸上的光柱最大并且模糊？
3. 成多少度角时，温度最高？
4. 成多少度角时，温度最低？
5. 根据以上结果，你认为日照的角度和温度之间有哪些相关性？

实验中将会发生什么？

地球上的生命依靠太阳的能量生存。地球上不是所有地区接收到的太阳能都是一样的。因此，不同的地区有不同的气候，每一种气候中都会产生独具特色的有机体。温度是一种重要的气候特性。

日照的角度是影响地球温度的一个因素。当太阳垂直照射，也就是说太阳正好在头顶上时，日照的角度为 90°。此时，地球接收到的能量最多。当日照角度变小时，太阳光可以照射到更大的范围但是那一地区的太阳能强度却降低了。日照角度越小，阳光就需要更长的距离才能穿过大气到达地球。因此，光能更容易遇到可以反射或吸收能量的粒子。

与现实生活的联系

对于任何一个地区来说，影响日照角度的因素有 3 个：白天的时间、季节和纬度。日照的角度从清晨到中午不断增大，因此太阳光线在正午时最接近垂直照射状态。这也是白昼当中地球可以接收到最强烈的太阳光的时候。从中午到傍晚这段时间,日照的角度继续增大。尽管如此,正午可能并不是白昼当中最热的时候。中午到下午晚些时候,低层大气吸收了大量的太阳热量。因此,气温仍然会继续升高。天黑以后,地球的表面开始冷却、散热。一天当中最凉爽的时候通常就在天亮之前。

季节影响日照的角度是因为地轴和太阳的相对位置发生了变化。这一变化影响光线照射地表的强度。成 45°角时,这一地区接收到太阳辐射的范围比成 90°角时大了大约 40%。辐射范围的增大使得太阳光的强度减少了大约 30%。在夏季,任何一个地区的日照角度都是其最大值。随着纬度的增大,日照的角度不断降低。注意,在图 3 中赤道纬线为 0°,两极的纬线为 90°。因为地球是球状的,照射在地球赤道上方的光会散布到更广阔的范围上,这就使得纬度越大的地方光越弱。就和你直观感觉到的一样,诺姆、阿拉斯加比基多、厄瓜多尔更凉爽。纬度不同导致气温不同。

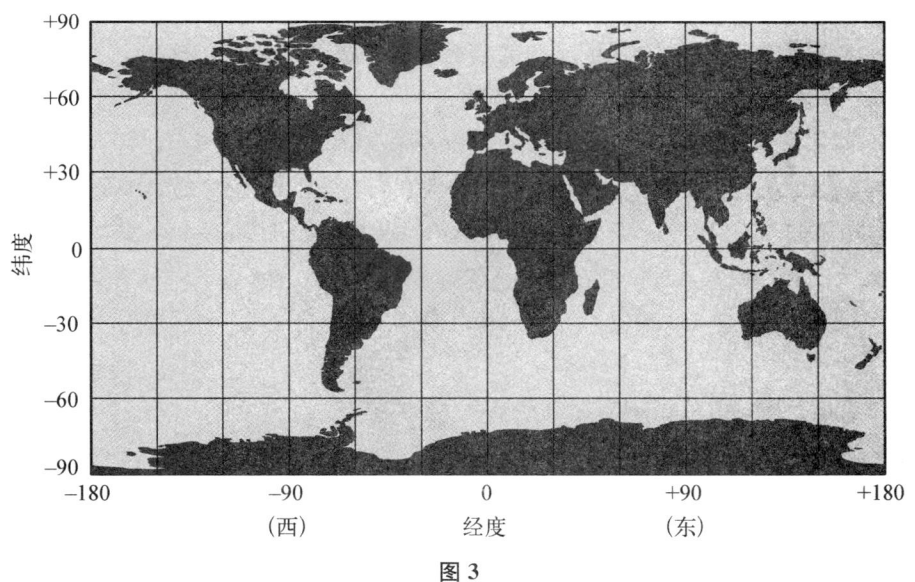

图3

想要了解更多吗?

参见附录中"我们的发现"。

实验20 日照强度 107

附 录

实验环境的设置

本书中的实验都是根据实验时所使用的材料和设备进行分类的,分类如下:

● "学校实验"标题下的实验,使用的设备和材料都只能在实验室中找到。同时标有"学校实验"的实验也必须在实验室中进行。

● "家庭实验"标题下的实验所使用的材料都是家中常备或日常使用的东西。这些实验只需要在有成人监督的情况下在家中进行。

● 分类在"户外实验"下的实验,既可以在学校进行也可以在家中进行,只需要有成人监督即可。

学校实验

实验 1　水和土壤保持热量的性质
实验 5　影响蒸发速度的因素
实验 6　空气中二氧化碳的来源
实验 8　影响云形成的变量
实验 10　距离是怎样影响太阳能吸收的?
实验 16　一夜之间能产生多少露水?
实验 18　常规温度标尺

家里实验

实验 3　雪花是怎样形成的？
实验 4　模拟厄尔尼诺现象
实验 9　哪一种头发能制作出最准确的湿度计？
实验 11　锋面碰撞
实验 12　龙卷风是怎样形成的？
实验 14　地形是怎样影响洪水暴发的？
实验 15　天气预报到底有多准？
实验 17　日落的颜色会随着天气情况而变化吗？
实验 19　对流盒
实验 20　日照强度

户外实验

实验 2　学生自制气象站
实验 7　当地生态系统中紫外线的强度
实验 13　龙卷风是怎样形成的？

我 们 的 发 现

实验 1　水和土壤保持热量的性质

课堂讨论建议：给学生展示一杯土和一杯水。并向学生解释这堂课即将进行的实验会找出到底哪一杯物质能更长久地保持热量。让学生预测实验结果。活动过后再回顾这些预测。

分　析

1. 答案会有所不同。
2. 在实验中,除了被测量的变量以外,其他所有变量都必须相同。

3. 土壤。

4. 水。

5. 答案会有所不同。

6. 与周围的空气和土壤相比，密歇根湖能更长久地保持热量。

7. 水保持热量的能力控制了海岸周围的温度。

实验2　学生自制气象站

课堂讨论建议：了解一下有多少学生看或者读天气预报。问问他们为什么对这些天气预报感兴趣，他们怎样利用这些天气预报。

分　析

1. 答案会有所不同，但是应该要对一个来自自制气象站，一个来自气象学家使用的专业气象站的数据进行对比分析，找出答案不同的原因。

2. 根据学生对天气的观察，他们的答案会有所不同。

3. 气压计测量大气压强，大气压强会随着天气的改变而发生改变。如果气压升高，一般来说预示着温暖、晴朗的天气。如果气压降低，通常情况你可以期待更凉爽的温度或降雨。

4. 气压不同时会产生风。风从高气压锋面吹向低气压锋面。从风向我们可以得知天气形态正在移动的方向，还可以预测天气变化的端倪。

5. 地球受热不均匀最终会导致不同的天气形态，因为地球在接收热量时空气移动的速度更快。因此，温度的改变对天气形态的改变有很大的影响。温暖的温度会让气压升高并使得空气远离那个地区。当暖空气和冷空气相遇时会形成降雨。例如，暖空气的迅速降温会带来雷暴。

6. 每个人的答案会有所不同，但是应该包括湿度、云型、纬度和水体的位置。

实验3　雪花是怎样形成的？

课堂讨论建议：让学生和同伴合作写出一个雪花是怎样形成的假设。让学生在实验之后回顾他们的假设。

分 析

1. 学生画的冰晶草图会各不相同。

2. 每个人的答案会有所不同。学生们的冰晶应该有和雪花相似的形状,但是它们可能不像雪花那么平,因为它们不穿越大气。

3. 这些冰晶是在鱼线上而不是在云里形成的,并且它们没有经历不断变化的温度(装置中的温度只是一直在降低)。然而,和真正的雪花一样,这些冰晶是在非常寒冷的条件下由水冷凝形成的,而且冰会呈现出相似的形状。还有一点相同,雪花必须有像灰尘这样的基底才能形成,人造冰晶也需要鱼线才能形成。

4. 海绵必须是湿的。海绵是用来储藏水的,水会形成冰晶在冷凝过程中所必需的水蒸气。雪花在没有湿度的条件下也不会形成。

5. 普通的冰是由水冻结而成的,它的温度大概0℃。只有温度比水的冰点低时,才能形成冰晶。干冰是固体的二氧化碳,比水冻成的冰的温度低,它能使容器中的温度更低。

6. 水只能凝结在基底上。雪花室中的基底是鱼线。如果没有某种粒子(比如灰尘或细菌)作为它们的核,冰晶就不能在稀薄的空气中形成。

实验4 模拟厄尔尼诺现象

课堂讨论建议:看看有多少位学生了解厄尔尼诺现象,并解释这个术语的意思。

分 析

1. 红色的油向西侧移动,这样东侧会有更多蓝色的水。这说明了太平洋的正常现象:上升洋流使得太平洋的东边有很多凉爽的水,太平洋的西边有很多温暖的水。

2. 红色的水移回到东侧,红色的水和蓝色的水相平衡,这代表了厄尔尼诺现象发生时的情况。

3. 水蒸气凝结的区域会形成云。水蒸气必须从某处的水体蒸发,才能凝结成云。温暖的水比凉爽的水蒸发得更快,所以,当水比较温暖的时候,比如没有发生厄尔尼诺的时候,水从太平洋西侧蒸发,降雨就会在太平洋西侧形成,然后被向西吹的信风带到陆地。

4. 太平洋东侧的地区天气潮湿;太平洋西侧的陆地天气干燥。

5. 因为厄尔尼诺把来自太平洋深处的富含营养物质的凉水推向下游,太平洋东侧的鱼和其他海洋生物就没有足够的食物,所以鱼就要向深水或者远离陆地的地方寻找食物,否则它们就会饿死,鱼的活动也会影响以鱼为食的鸟类和其他陆地动物。

实验5　影响蒸发速度的因素

课堂讨论建议：把学生分组讨论蒸发和凝结的定义,并简要地讨论这两个天气过程的作用。

分　析

1. 由于选择的因素不同,答案会有所不同,答案应该包括选择这些因素的原因。

2. 由于选择的因素和实验结果的不同,答案会有所不同。高温的水、风的运动、大的表面积和低的湿度都能提高蒸发速度,哪一个提高的最多取决于实验条件。

3. 如果温暖的水体上空干燥、多风,蒸发速度最快。

4. 答案会有所不同,但是通常大多数的蒸发都发生在海洋上,然后云移动到陆地,形成降雨。

5. 控制实验的设计各不相同。学生的答案应该集中在实验中控制因素的重要性上,以此来保证实验结果是通过一个变量而不是其他变量得到的。

实验6　空气中二氧化碳的来源

课堂讨论建议：让学生把二氧化碳的生成与细胞呼吸的自然过程和矿物燃料的燃烧相联系。

分　析

1. 条形图会各不相同,但应该包括标记的坐标轴,4个样本在X轴上,氨水的滴数在Y轴上,样本D的柱形图最高(接近60滴),紧跟着是C,然后是B,最后是 A(应该是 0 滴)。

2. 碳酸氢钠和醋的样本中最多,因为这里几乎是纯二氧化碳,空气中最少,它几乎不影响试管中液体的颜色。

3. 答案会有所不同,但是根据实验室结果,最有可能的答案是"是"。学生的回答应该包括他们为什么会得到那样的答案。

4. 答案会有所不同,但可以包括使用一种可代替的燃料、一个能把二氧化碳转变成其他气体的机械等。

5. 答案会有所不同,但是回答可以包括:煤的燃烧、工业加工、森林砍伐和农业的发展。降低排放的方法可以包括使用可代替燃料、植树和减慢工业化进程。

6. 答案会有所不同,但可以包括拼车、乘坐公共交通工具、骑自行车替代汽车等。

实验7 当地生态系统中紫外线的强度

课堂讨论建议:提问学生,看看他们认为森林中还是沙滩上的紫外线更强,并说明原因。把他们的答案与紫外线对生态系统中生物体的影响联系起来。

分 析

1. 由于选择的生态系统的不同,答案会有所不同。答案应该包括他们为什么会选择那个特别的地点。

2. 答案会有所不同。除了要检测的因素外,学生还应该描述实验中两个地点的相同部分,这点很重要,因为在控制实验中,除了被检测的因素外,其他的变量应该保持相同,才能保证实验结果是由改变的因素得到的。

3. 答案会有所不同,答案应该包括对所选择的两个生态系统中的紫外线的对比。

4. 由于高度、云的覆盖、树木覆盖、与大城市的距离、地表特征(水、积雪和沙子能反射光,引起更高的读数)的不同,测量的紫外线强度也不同。

5. 由于特定的生态系统中的生物的不同,答案会有所不同,但是可以包括危害处于食物网基础的植物、藻类和浮游生物;对作为生态系统分解器的细菌和菌类的破坏;人类和动物中皮肤损害和皮肤癌的数量的上升。

6. 答案会有所不同,但是紫外线高的地区可以包括高山地区,因为这里有较高的海拔和雪的反射;接近赤道的生态系统,因为这里阳光照射量增加,还有来自水的反射;南极洲、澳大利亚和新西兰地区的生态系统,因为这里有臭氧洞。

实验8 影响云形成的变量

课堂讨论建议:给同学们看一张卷云的图片和一张积云的图片,让他们以小组的形式讨论影响云形成的变量。

分 析

1. 由于结果不同,答案会有所不同,但是应该包括一个草图和一个对于形成云的描述。

2. 冰使广口瓶顶部的空气变得更冷,当暖空气接触到它时,水蒸气会凝结成云,没有冰,空气就不能冷却,云就不能形成。

3. 火柴产生的烟雾中包括小的微粒,可以作为凝结核。

4. 沸水的装置中产生更多的云,与自来水相比,沸水能够使空气中形成更多的水蒸气。

5. 大多数云是在海洋上形成的是因为海洋是一个很大的水体,所以蒸发也很多。

6. 答案会有所不同。学生可以设计一个能被压缩的容器来提高气压,形成云。其中一个方法就是把一个气球固定在广口瓶的颈部,然后把气球中的气体挤进去,实验中的其他因素应该与这个实验基本一致。

实验9 哪一种头发能制作出最准确的湿度计?

课堂讨论建议:问问同学们是否能够想到一种在潮湿的天气里总是缩短的天然纤维。解释头发有这种能力。

分 析

1. 先由学生先假设哪一种头发更准确,再由实验证明他们的答案。答案会有所不同。

2. 角质素之间的氢键能被水分子打破,使头发在100%的湿度下增长了2.5%。

3. 湿度增加会使指针向下移动,因为当水分子被吸收后,头发变长了。

4. 由于实验结果的不同,答案会有所不同。同学应该把每支湿度计的读数与电子湿度计的度数与当地天气报告进行比较。

5. 由于实验结果不同,答案会有所不同。尽管湿度计已经被校准了,所有的读数应该接近,但是化学处理过的头发的指针移动的幅度更大。

6. 答案会有所不同。同学应该说明他们的假设是否被证实,如果没有,解释原因。

7. 由于温度和降雨概率的不同,一天中湿度水平也不同,高温和强降雨概率会使湿度上升。

实验 10 距离是怎样影响太阳能吸收的?

课堂讨论建议:告诉学生一个物体接收的热量与物体和光源之间的距离有联系,让他们推测一下它们之间的联系。解释这就是今天的话题。

分 析

1. 在任何实验中,为了确保实验结果是通过实验的因素而不是其他因素得来的,控制因素非常重要。

2. 答案会有所不同。学生应该描述一下实验中所用到的控制因素,例如每个杯子里的土壤质量相同,每个样本要使用同一种日光灯照射。

3. 接近日光灯的土壤样本吸收最多的能量,这点可以通过测量土壤样本的温度被证实,最热的就是吸收热量最多的。

4. 接近阳光的土壤吸收更多的能量,远离阳光的吸收较少的能量。

5. 答案会有所不同,但是可能会包括:当阳光向土壤照射的过程中,能量会被反射或者被空气中的微粒吸收,所以接近日光灯的样本吸收更多的能量,因为能量几乎没有被散开,而较远的土壤样本吸收较少的能量,因为大部分能量都在途中被散开了。

6. 地球上,接近太阳(高海拔)和受到阳光直射(赤道附近)的地区接收的太阳能比低海拔和极地地区多。

实验 11 锋面碰撞

课堂讨论建议:给同学们展示一幅气象图,让他们尽可能全面地解释它。

指出锋面,说明这就是今天的实验题目。

分　析

1. 答案会有所不同。学生可以假设当两种类型的水结合时,会发生什么,并说明原因。

2. 红色的(温暖的)水移动到蓝色的(冷的)水的上面。

3. 温暖的水移动到冷的水的上面,因为暖水中的水分子移动的速度更快,分子间的间隔更远,所以暖水的密度没有冷水的密度大,因此,它分层移动到冷水的上面。

4. 由于学生在分析问题 1 中的假设不同,答案会有所不同。如果实验结果证明他们的假设是错误的,解释原因。

5. 这与大气中气团的混合相似,因为当锋面相撞时,暖空气移动到冷空气的上方就像是暖水移动到冷水的上面。不同的是本实验中用的是水而不是空气,当它们以相同的速度移动锋面相撞时,它们只是分层移动到彼此的上面,而在大气中,分层效应是由哪一个锋面在接近所决定的。

6. 答案会有所不同。因为锋面相撞形成云,所以各种类型的降雨和暴风雨都是由两个锋面的碰撞所形成的。答案可能包括雨、雪、雷暴雨、龙卷风、飓风等。

实验 12　龙卷风是怎样形成的?

课堂讨论建议:问问有多少同学亲身经历过龙卷风,让他们讲一讲这段经历。如果没有同学经历过龙卷风,让他们描述一下在新闻中看到的龙卷风的样子。

分　析

1. 学生的草图会有所不同。

2. 在上面的瓶子中出现了螺旋运动,并运动到下面的瓶子,当水从上面的瓶子流出时,这个"龙卷风"通常是从一边向另一边螺旋移动,当上面的瓶子中没有水时,龙卷风停止。

3. 摇晃瓶子产生螺旋的漩涡,就像是当两个不同的锋面合并后产生的超级单体里的漩涡一样。没有摇晃的运动,水仅仅从上面的瓶子进入下面的瓶子。

4. 瓶子被摇晃时,产生的旋转力和水流进下面的瓶子时,由于重力而产生的向下的引力。

5. 答案会有所不同,但可能包括:瓶子中产生的龙卷风和真的龙卷风的形状、旋转和运动都相似,这两个龙卷风都有一个向下的引力和一个旋转力。但是瓶子中的龙卷风是在水中而不是空气中形成的,它不会引起大范围的破坏,也不会以横向的方向运动。

6. 龙卷风具有螺旋的风,使上升气流包围了被迫向下运动的冷空气柱,因为风速和风向的不同,它比在同一方向的风更容易使物体遭到破坏。此外,旋转会把残骸(小到灰尘,大到车辆、屋顶和活动房屋)带到一定的距离之外,风暴中的残骸撞击所产生的破坏不比风造成的破坏小。

实验13　温度和气压

课堂讨论建议:让学生给温度和气压下定义。并向学生解释这个科学实验室会帮助判断这两个天气因素是否会彼此影响。

分　析

1. 答案会有所不同。学生应该先做一个假设,预测一下温度和气压之间的关系类型并且说明他们的理由。

2. 在封闭的容器中,例如轮胎,增加温度就会增加压力,因为粒子在高温下运动速度较快并且与容器壁相互碰撞。大气压强却不是这样,温度升高时气压反而降低。在冬季,温度很低,因此,轮胎里的气压会下降,于是司机必须给轮胎加压。

3. 为了得到所有的学分,学生们应该通过他们实验测绘的结果画一个点状图。所有的坐标轴都需要作出适当的标记,而且图表都应该有一个标题。

4. 依据学生的实验结果填写,每个人的答案会有所不同,但大多数的图表都应该显示这样一个趋向:温度升高,气压减小。

5. 答案会有所不同,但一般来讲温度升高时气压会降低。学生应该能辨别出这种趋向与他们的预测是否一致。

6. 气压可以受到风、天气变化(暴风雨等)以及湿度的影响。

7. 因为在暴风雨来临之前气压表的度数一般会下降,但当暴风雨过去之后气压表的度数会上升,所以气压可以用来预测天气形势。

实验 14 地形是怎样影响洪水暴发的?

课堂讨论建议:问问有多少名学生亲身经历过洪水暴发。让那些亲身经历过洪水暴发的学生们讲述他们的经历。如果没有的话,就让学生们描述一下在新闻中所看到的洪水暴发是什么样的。

分析

1. 答案会有所不同。有些答案可能包括:海拔、降雨量、土壤类型、土壤饱和度、一个区域树木的数量、河的宽度以及河流的速度。但是有些答案可能不包括上述这些因素。

2. 正确的答案是"是的",但是答案会有所不同。以学生们自己的观点为基础的,只要能说得通就可以。水渠的形状和大小决定了它的储水量,同样也会影响洪水暴发的几率。

3. 答案会有所不同。学生们应该选择他们认为最容易暴发洪水的水渠,并证明他们答案的合理性。水渠 A 实际上是洪水泛滥最快的,因为它是最狭窄的,因此贮水量较少。

4. 根据学生的实验结果,答案会有所不同。水渠 A 最容易发水,水渠 B 最不容易发水。

5. 较深的水渠有能力承载更多的水,而且与较浅的水渠相比,更不容易发水。

6. 洪水泛滥的可能性会受到水渠中水流的速度(河水流动的速度)、河流的长度、土壤类型以及土壤的饱和度的影响。

7. 如果有暴发洪水的风险,那么人们就要有这种风险意识,这样人们能够有所准备,预防紧急事件甚至买洪灾保险。洪灾保险费率取决于一个地区洪水泛滥的可能性。

实验 15 天气预报到底有多准?

课堂讨论建议:问问学生他们是否认为气象员得到的天气预报是准确的。看看学生们从什么渠道获得天气信息并且是怎样处理这些天气信息的。

分 析

1. 依据天气预报和实际情况,图表中的答案会有所不同。
2. 依据学生的结果,平均差会各不相同。
3. 依据学生的结果,答案会有所不同。拥有最小平均数的气象学家预报得最准。
4. 以学生的观察和气象学家的预测为基础,答案会有所不同。
5. 大多数的气象专家使用一个专为他们的工作或新闻站而设计的预报模型程序。这些专家可能会得出稍微有所不同的计算结果。另外,每一个预报模型都必须拥有来自卫星、气象气球和地面气象站的数据输入。这些设备的位置可能会随着读数的不同而有所改变。因为预报模型依靠这些测量工具,所以一点点的变化就可能得到不同的天气预报。
6. 气象学家们使用地面气象站和气象气球,二者包括温度计、风速计、气压计、风向标和湿度计(气象站通常还使用雨量测量器)。他们还用卫星影像、多普勒雷达以及计算机预报模型。
7. 不能。天气不可能总是被预报得很准,因为天气具有混乱的本性和情况,这些可能引起预想不到的天气状况。

实验16 一夜之间能产生多少露水?

课堂讨论建议:要求学生们说出冷凝的定义并且提问在哪儿有可能看见冷凝的例子(在装有冷水的玻璃杯表面、在空调管上、在炎热天气下的窗户上)。把冷凝与露水的形成联系起来。

分 析

1. 应该在学生的曲线图上做标记,其中包括与夜间温度变化相比较的露水的量。
2. 应该在学生的曲线图上做标记,其中包括与湿度相比较的露水的量。
3. 以学生的结果为基础,答案会有所不同。但是这两个曲线图大体上有相同的趋势;这是因为露水的形成依靠温度的变化和湿度。
4. 是的,有关系。从白天到晚上温度变化得越大,露水形成得就越多。

5. 是的,有关系。如果白天湿度高,且夜里温度足够低,就会形成露水。

6. 云就像地球表面的隔热层,阻止了太阳的热量。因此,阴天的晚上不像晴天晚上温度降得那么低,露水也不会形成。

7. 要想在一个物体表面形成露水,这物体的表面必须比周围的空气冷。土壤保存热量而且通过植物内部保温,所以露水通常不会在土壤中形成。

实验17　日落的颜色会随着天气情况而变化吗?

课堂讨论建议:让学生们说说为什么大家都对日落情有独钟。

分　析

1. 答案会有所不同。学生的假设应该阐明他们是如何相信天空的颜色与天气情况有关系的。

2. 一般来说,在太阳逐渐远离地平线时,最戏剧性的颜色就会出现。

3. 依据天气情况和学生们的观察为基础答案会有所不同。学生们应该把他们每天拍的照片上的日落颜色进行比较。

4. 根据实际天气情况的观察,答案会有所不同。一般来说,下雨天或高湿度的天气过后,日落会变得更红。如果有更多的云彩,天空中就会呈现出更多的颜色。在干燥、湿度很小的情况下,日落会变得更蓝,而且不会出现那么多颜色。

5. 依据学生们的不同假设,答案会有所不同。学生应该阐明他们的假设是否准确,如果不准确,请解释一下为什么。

6. 日落的颜色不仅仅受到湿度和云层的影响而且还受到空气中污染量、灰尘和烟的影响。空气中的微粒可以反射光,使日落变得更红。

实验18　常规温度标尺

课堂讨论建议:问问学生如何在荒岛上监测温度。

分　析

1. 当温度升高时吸管里的液体会上升得更高。

2. 当液体被加热时会膨胀,所以这时的液体比冷却时的液体所占的容积更大。

3. 水被加热时,把酒精加到水里可以使水膨胀得更快。

4. 依据学生的不同结果,答案会有所不同。学生们应该把他们的温度标尺与摄氏和华氏进行比较。

5. 学生们的摄氏和华氏温度的度数应该与所给的公式一致。

6. 依据学生的温度标尺,答案会有所不同。学生答案应该包括一个可以把他们的温度标尺度数转换成摄氏的计算转换因子。

7. 依据学生的温度标尺,答案会有所不同。学生答案应该包括一个可以把他们的温度标尺度数转换成华氏的计算转换因子。

实验19　对流盒

课堂讨论建议：让两组学生给出他们自己关于对流的定义,把这些定义写在板子上,实验之后再回顾一遍。

分析

1. 空气上升、下降的循环运动是由空气密度的不同引起的。
2. 当暖空气在冷空气上方移动,困住冷空气时,所发生的情况。
3. 利用燃烧的纸巾所产生的烟有可能看见空气运动。
4. 烟被拽进了烟囱里。盒子里面的烟变暖后,再从另一个烟囱里冒出来。
5. 烟被困在鞋盒底部。

实验20　日照强度

课堂讨论建议：让学生们解释夏季为什么比冬季暖?

分析

1. 90度角。
2. 33度角。
3. 90度角。
4. 33度角。
5. 答案会有所不同。日照角度增大时,温度降低。